U0742458

不要埋没了孩子的宝贵才能！

开发儿童潜能7大妙招

恩　泽/主编

中国社会出版社

图书在版编目（CTP）数据

开发儿童潜能7大妙招 / 恩泽主编. —北京：中国
社会出版社，2013.6
ISBN 978 – 7 – 5087 – 4427 – 8

Ⅰ.①开⋯　Ⅱ.①恩⋯　Ⅲ.①智力开发—儿童读物
Ⅳ.①G421 – 49

中国版本图书馆CIP数据核字（2003）第 080287 号

书　　　名：开发儿童潜能7大妙招
编　　　者：恩　泽
责任编辑：魏光洁

出版发行：中国社会出版社　　邮政编码：100032
通联方法：北京市西城区二龙路甲33号新龙大厦
　　　　　　电　话：编辑部：（010）66026807　　（010）66061723
　　　　　　　　　　邮购部：（010）66081078
　　　　　　　　　　销售部：（010）66080300　　（010）66085300
　　　　　　　　　　　　　　（010）66083600
　　　　　　　　　　传　真：（010）66051713　　（010）66080880
网　　　址：www.shcbs .com.cn
经　　　销：各地新华书店

印刷装订：北京市业和印务有限公司
开　　本：148mm×225mm　　1/16
印　　张：16
字　　数：220千字
版　　次：2013年7月第1版
印　　次：2013年7月第1次印刷
定　　价：30.00元

不要埋没了孩子宝贵的才能

从事英才教育工作这么多年来，我明白了一个道理：其实每个孩子都有只属于自己的潜在可能性与才能。不论是先天就有的，还是后天培养的，孩子都在几个领域里有着无限发展的可能性。

孩子具有的才能，和埋在地里的种子一样，根据所给环境的不同，有可能长大，也有可能被埋没。正如种子需要浇水和施肥才能发芽长得茂盛，发现并启发孩子潜在的才能非常重要。因为无论孩子生来具有多么与众不同的才能，也需要在适当的环境下加以适当的教育，方能得到充分的发挥。

但是，在发现并培养孩子的才能方面，每个父母的表现都各不相同。有对子女才能发展过分执着的父母，也有对子女才能发展漠不关心的父母。如果是明智的父母，既不会忽视孩子的才能发展，也不会太过执着而给孩子造成负担，他们会提供适当的刺激与环境，通过符合孩子才能发展阶段的"适期教育"，最大限度地引导孩子的才能发展。

让自己的孩子和其他孩子一样忙于做习题，给孩子报这个那个学习班，关注于学校测验的分数，让孩子做很多课外作业，这些旧时代的教育方式培养不出有竞争力的人才。因为在将来，只有在专门的领域里能够创造性地发挥出自身能力的人，才更有可能成功。虽说所有领域的基础都要打牢，但发掘其中与孩子相配的天生的素质和才能并加以磨砺的"才能教育"，才可说是培养孩子未来的力量。

在这个意义上，我希望通过为父母提供一种才能教育的具体实践方法，帮助父母摆脱千篇一律的填鸭式教育，让父母即使不使用昂贵的教材或把孩子送到学习班，也能在生活中培养孩子的素质和才能。

对于在发掘并培养孩子在语言、数学、科学、艺术、创造性等各领域内的才能的萌芽方面，父母该做些什么，育儿原则是怎样的，以及根据孩子才能发展阶段和年龄该如何制定适当的指导方法等问题，本书均提供了说明。同时，本书还囊括了在子女教育过程中最为重要的人格与社会性的培养方法，以及在学习过程中所必需的提高基础潜力的指导方案。

有些父母相信孩子的能力并耐心等待其发展，有些父母把握孩子的不足并给予帮助，有些父母则用持久的关爱来改变孩子，看到这些，让人颇感欣慰；而有些父母不顾孩子能力的客观情况，很早就给孩子过重的负担，以至于孩子丧失自信，心灵受到伤害，这种情况却只能叫人扼腕叹息。

在写作本书的时候，我最担心的就是，那些执着于把自己的孩子培养成"最好"的父母，他们会不会出于自己的欲望，给孩子过分的负担呢？父母应该启发自己孩子的才能，把孩子培养成"最好"；本书为父母提供一种能够发现自己可爱孩子的潜能并加以培养的适当的方法，一种既不迟也不早的适期教育方法。

也许，正如本书所言，会不会有些父母觉得自己没有教育好孩子而产生焦虑和负罪感，这也是笔者的担心之一。然而，父母们不要忘了，无论自己过去如何培养孩子，过去的毕竟已经过去了，不必太过懊悔，应该从现在起，寻找适当的方法，这才是更为明智的举动。

孩子生来就具有自我发展的能力。自我发展的能力能够使自己向着发展自我的方向去思考、判断、决定、控制与行动。因此，父母照着自己的想法，硬要让孩子朝一个特定的方向发展是危险的。因此，我也希望父母能将本书所传达的内容转化为自己的理念，找出与自己孩子情况相符的才能启发的方法与教育时期。只有培养孩子乐意接受的最擅长方面的才能，方能为他日后的幸福生活打下良好的基础。

对于孩子而言，父母是优秀的老师。若本书能为帮助父母从昂贵的教材或各类学习班的负担中解脱出来，发现并努力培养子女的才能起到些许作用的话，也算是成全了我的一桩心愿吧。

尹黎宏

◁◁◁◁ 目 录

父母须知

寻找孩子潜能的"芽"

第一招

培养孩子的基础潜力

第二招

培养孩子的语言才能

第三招

培养孩子的数学才能

第四招

培养孩子的科学才能

第五招

培养孩子的创造性

第六招

培养孩子的艺术才能

第七招

培养孩子的社会性

父母须知

寻找孩子潜能的"芽"

能够给孩子幸福和聪明的人正是父母

世上没有平凡的孩子

　　有句老话说，地老虎也会打滚。也就是说，即使是没有什么突出特长的人，也总会有一些干得好的事情。虽然很多父母担心自己的孩子没有特别突出的才能，显得太普通，但是世上没有平凡的孩子，只是我们没有发现孩子潜藏的才能罢了。让我们尽快找出孩子们具有的才能的"芽"，对它们进行着重的栽培吧。

每个孩子肯定都有潜藏的才能

　　在英才教育学院里，会遇见很多的父母和孩子。无论这些孩子是否被判定为英才，他们肯定都有着自己潜藏的才能，这是毋庸置疑的。不论是智力平平，还是看来还算聪明的孩子，都会说一些与众不同的话，做一些出人意料的事，而即使是被判定为天才的孩子，也有突出才能得不到正常发挥的情形。这是因为孩子表现出来的言语和行为虽然都出于自身内部，但同时也有教养和环境方面的原因。

　　孩子们在所有领域都有着无限发展的可能性。无论是先天的，还是后天培养的，孩子们总在某些领域多少有着发展的可能性。因此，仅仅看重一部分就给孩子下判断，往往扼杀孩子的潜能。

　　美国教育心理学家霍华德·加德纳博士强调人能在很多的领域

里发挥固有的能力。比如在语言方面、在数学与逻辑方面、在音乐方面、在空间认识方面、在身体运动方面、在自我省察方面、在人际关系方面等等。

根据各个领域的不同，才能开始出现的时期和形式多少有些差异。像音乐或美术这类艺术领域的才能出现得较早，而人文社科系统的智能则出现得较晚。音乐才能在5岁前后开始出现，美术才能则始于8岁前后，人文社科系统的才能出现于15岁到25岁这个阶段。同时，根据年龄的不同，才能的特征也有可能不一样。小时候喜欢科学的孩子，长大后在人文社科系统方面崭露头角的情况也很多。

小贴士

倡导多样才能领域的多元智能(MI)

每个孩子都在多种领域中表现出不同的才能。正如霍华德·加德纳提出的多元智能（Multiple Intelligence,MI）的理论，认为人的智能由多种能力构成。也就是说，人的智能不仅表现为一般所知的智商（IQ），也分别在"语言""数学—逻辑""空间""音乐""身体—运动""自我省察""人际关系""自然"等各个领域表现出来。如果注意发掘这些领域中孩子尤其发达的智能，就能得到最好的效果。

寻找只属于自己孩子的潜藏可能性

父母是能够最好把握孩子才能的人。父母有很多机会可以细心观察孩子最关心什么，最喜爱什么。他们不仅可以最好地把握孩子的潜力，而且是发展孩子潜力最好的老师。因此，从孩子出生的那一瞬间起，父母就应该成为孩子的潜藏可能性的观察者。

要发现孩子的才能，首先要给孩子创造出接触多样领域的机会。因为，在弹钢琴的时候可以看出孩子有没有音乐的才能，在画画的时候可以看出孩子有没有美术的才能，在对话的时候可以看出孩子有没有语言的才能。要让孩子意识到自身发展的可能性，父母应该尽可能创造出可得到多种经验的环境。如果父母不给孩子更多体验的机会，却按照自己的意思培养孩子，将孩子朝特定的方向上推，这是非常危险的行为。

不过，虽说孩子若能亲身体验所有的事情是最好不过的，但这无论是在时间上还是在空间上都无法完全实现。因此，对于孩子来说，间接经验和直接经验一样重要。让孩子获取间接经验的主要方法是多读书。同时，父母要懂得如何去好好把握孩子发出的信号。这里所说的信号，是指孩子对于特定领域活动相关的事物表现出较多的好奇心并集中注意的行为。因此，要培养孩子的才能，父母应该在孩子进行各种体验、尝试时，及时把握住孩子注意力特别集中并且喜爱的领域，这是非常重要的。

不要和其他孩子比较

有学习方面突出的孩子，也有感情丰富的孩子；有音乐天分好的孩子，也有喜欢探索的孩子；有活泼积极的孩子，也有慎重理性的孩子。当然有些孩子会同时在几个方面都表现得较为出色，但要想所有事情都能做得完美，则是不可能的。

孩子越是在特定的领域表现出突出的才能，在其他领域里发展延迟的可能性就越大，对于这一点，父母一定要有心理准备。对于这样的孩子来说，如果父母要求他做好所有事情的话，那么孩子在完善自己不足部分的同时，也会使其自身本可擅长的才能得不到发挥。将自己的孩子和其他孩子相比较，对其寄予过高的期望，只会对孩子造成负面影响，孩子绝不可能照着父母的想法成长。与其和别的孩子比较，不如好好发现自己孩子的潜能到底是什么来得重要。

正如孩子不能期望父母万能，父母也不应持有孩子应该完美的观念。如果孩子的行为一不符合父母的期望，父母就频频自责，认为自己没有教育好孩子的话，除了陷入负罪感和忧郁症，一点好处也没有。父母在子女的教育和养育方面，不可能是万能的。只是每时每刻都尽力把自己认为最好的事物教给孩子，这是父母应尽的责任。

成为以身作则的父母

如果仔细观察的话，就会发现，孩子们会时不时地令人惊讶地做出一些与父母相同的行为来。琐碎的睡觉或吃饭的习惯、看电视时采取的姿势等父母无心的举动，都经常会成为孩子们模仿的对象。

不管是正确还是错误，孩子们总爱观察父母的行为并且照着做。如果希望孩子的行为正确，与其仅仅通过话语来强调，不如父母自己先做表率。在让孩子看书前，父母要先做出看书的样子；在念叨着让孩子学习之前，父母要先坐在书桌前；在让孩子不要看太久电视之前，父母自己先不看电视就好了。要让孩子行为正确，父母与其总追问孩子"为什么不听妈妈的话？"还不如自己先做出表率来。

为了培养孩子特定的才能，父母的模范作用很重要。父母喜欢听音乐，常常侧耳倾听，做出哼唱节奏和曲调的样子，那么孩子对节奏和曲调感兴趣、表现出音乐方面才能的可能性也就大了。所以说，音乐家的家里常出音乐家，美术家的家里常出美术家，就是这个道理。对于还很小的孩子来说，人生该如何度过，自己的才能如何发挥，都要从父母那里受到最多的影响。

适期教育是发掘才能的最好方法

在教育孩子方面，没有所谓的不重要时期。只是该教育孩子什么以及该如何教育，在不同的时期，有着不同的重点罢了。关于早期教育和英才教育，市面上出了不少理论和教育哲学方面的指导书。虽然它们各有所长，但在考虑这样的教育之前，有更重要的原则要遵守：应该按照孩子的发展程度，进行"适期教育"。

"我们家孩子和邻居家的孩子一起开始学，为什么现在还只是这个程度？""看来我们孩子学习的速度太慢了。"太多的父母发出这样的抱怨。很多父母都忽略了一个事实：每个孩子的成长速度不同，教育方法也该不一样。其实，过于焦虑实在是大可不必。

每个孩子的才能和喜好的学习方式都不同，让孩子在相同的时间内接受相同方式的教育，又怎能获得同样的结果？只有与孩子的智力发展水平及能力相符的适期教育，效果才是最好的。如果父母期望过大，很小就让孩子学这个学那个，就有可能出现到了真该学的阶段孩子撂挑子不干的情形。

无论孩子的天赋多么与众不同，也要通过教育才能发展。这教育应该是根据适当的时期来实行的系统教育。所谓适期教育，不是根据普遍的一般孩子的发展阶段来进行，而是考虑自己孩子的成长程度所进行的教育。对有才能的孩子，在才能教育方面给予必要的刺激；而对多少有点迟钝的孩子来说，则给予充分的准备时间。这意味着适期教育是一种能够激发动机的、有变化的灵活方法。

智慧的父母既不会任由孩子自我发展，也不会给孩子过分的压力，而是懂得根据孩子的智力发展程度和阶段，调整学习的内容和质量。

知识就是力量，
信息充分的父母更易培养孩子的才能

仅仅心动却不行动的父母无法培养孩子的才能。要想很好地培养孩子的才能，父母首先要具备好学的积极心态，为获得这样那样的信息而努力。

书籍、互联网、报纸、演讲会、学校、文化中心，很多地方都能获得教育子女所必要的信息。如何才能最好地教育孩子，没有所谓的标准答案。聚合多种信息然后得出结论，就是减少失误、进行最好教育的方法。越是智慧的父母，越是会去努力争取获得更多的信息，使得教育启发不被延迟。

和获得许多信息一样重要的是，判断该信息有无价值和可信度。无条件地认为别人的教育方式好并且跟着做，或者按着别人的劝说去行动，这都不是理想的方式。因此，培养客观判断的能力很重要。如果从别的母亲那里听来信息，应该试着去更仔细深入地了解，并且认真检验该信息是否真正适合自己的孩子。

最近，育儿方面的书出版了很多，虽然对父母获得信息有帮助，但也由于缺乏一贯性，过量的育儿信息反而让父母无所适从。因此，选择合适的书，培养分辨的眼光也很重要。要选定合适的书，应该考虑孩子的年龄、性别及关心的领域，必要的时候，参考书评或专家的推荐，也是明智之举。

智慧的父母不仅对阅读感兴趣，而且还会去想该如何实践。每当和孩子一同洗澡、散步、等车的时候，他们就对孩子讲述书里的内容，或是把书里的内容运用到实践中，这比任何教材教育的效果都要好。

在才能教育方面，父母应该抛弃的几种误解

在发现孩子的才能并对其进行培养之前，父母应该抛弃几种错误的想法。第一种想法是认为从专家那里接受特别的指导或是使用昂贵的教材，教育的效果就好。然而，教育首先是父母的责任。对每天和母亲待在一起的孩子来说，再没有比母亲更好的老师了。无论是教育专家，还是其他人提倡的教育，都应该在父母教育充分实现的基础上，系统地建立起来。

第二种想法是认为教育孩子仅仅是让他努力学习。教育，除了习得知识以外，还应包括道德和生活习惯的教育等。如果孩子没有教养或是太过自我中心，那即使学习很好、才能突出，也不能认为他接受了正确的教育。

第三种想法是认为才能较高的孩子即使不接受特别的教育，不用多加指导，他也全知道，并且会做得很好。然而，即使是才能突出的孩子，如果什么指导也没有接受，那他生来具有的素质也无法得到充分的发挥。父母和专家的系统指导绝对是必要的。

才能很高的孩子，或是在某一方面有特别突出才能的孩子，只有接受了父母、教师和专家的系统指导并付出努力，才能发挥出百分百的力量。而不经过任何努力，或是没有任何指导，就不要期待会有多好的结果。

睁大双眼就能看见孩子的潜能

寻找孩子才能的 "芽"

父母的信念或期待，在发掘和培养孩子的才能方面，虽然在一定程度上起到肯定的作用，但倘若父母的期待远远超过孩子的能力，就会使孩子承受很大的负担和压力，也就无法完全发挥出自己的能力。因此，适度的关心与适度的期待，才能使孩子的才能得到最好的发挥。

天才vs英才vs秀才

一说到天才或是英才，人们马上会想到智商很高的人。那么，智商高的人真的具有很多才能吗？还有，智商高的人，我们就能说他是英才吗？为了得到正确的回答，我们需要弄明白天才与英才、智力与才能之间的差异。

所谓天才，指的是具有天生的突出才能之人。英才，同样意味着才能优秀的人。可是，英才大体是指在特定的领域中有卓越才能，并且充分发挥了该才能取得创造性成就的人。

学者凯瑟琳·考克斯曾经发表了一篇文章，推算了过去名人的智商。著名科学家迈克尔·法拉第的智商是105，而主张"日心说"的尼古拉斯·哥白尼的智商也不过是105而已。亚伯拉罕·林肯或乔治·华盛顿的智商则大约在125。虽然这些智商都不过是推测的数值，但发现科学领域的顶尖科学家或是卓越的政治家，其智商并不像人们想象的那么高，还是让人大吃一惊。从这样的结果中我们可以得知，要成为天才或英才，还需要除智力以外的其他要素。

我们并不是说一个人不需要什么才能，只要通过努力和学习就能成为英才，但对于英才而言，除了必须具有天生的才能外，还应该具有能支持该才能发展的"创造性"和"成就意志"。只有具有能够创造性地发挥自己才能的能力，并且根据环境，使自己该方面的才能达到卓越的水准，这样的人，我们才能称为英才。

相反，智商较高的人成为"秀才"的可能性比较大，也就是在学习方面能力很强的人。表现出优秀的学习能力的秀才，大体上智商较高，表现出记忆力强、理解力突出、学习刻苦用心等特征。

人们通常认为，英才一般在数学或科学这样的领域里才有，但事实并非如此。除了数学或科学这样的学术领域之外，在音乐、美术或体育等领域也可能产生英才。

如上所述，"天才""英才"和"秀才"的意义各有差异。虽然我们不能将三者视为同一概念，但偶尔一致的情况也是有的。因为具有突出能力的英才表现出优秀学习能力的情况也是有的，尤其是当这个英才擅长的正是学术领域（数学、科学等）时，情况更是如此。然而，我们必须注意，英才并不意味着在学校里的成绩一定优秀，他也可能不是模范生。因此，父母不要因为孩子在学校的成绩不好，就忽视了孩子的英才性，或对孩子感到失望。我们应该更加重视孩子发挥创造性的可能，而不是对孩子在学校里的成绩太过计较，这样才能培养孩子的才能。

无限的可能性，"头脑"的秘密

有些孩子脑子格外聪明，有些孩子脑子不是特别聪明。这里所说的"脑子"，一般指的是智商。然而，能否很好地做成一件事，却并不取决于智商的高低，而是取决于自己所具有的能力发挥了几成。要想能力得到最大限度的发挥，需要有创新的思考、忍耐力以及成就动机。而使这些成为可能的，正是"头脑"。人的头脑，不仅可以记忆、思考、把握并处理问题，还指导着身体的行动。

在头脑的整个结构中，大脑担负着记忆、思考、语言、解决问题等机能，分为左脑和右脑两部分。左右对称的左脑和右脑各自发挥着不同的功用。具体说来，左脑主要担负着逻辑、数学、合理的思考及语言的功能，而右脑则担负着抽象的、象征的、创造性的综合思考的功能。

如果孩子的艺术创造力或音乐才能突出，则是右脑发达；如果在数学或是逻辑、哲学领域里表现出色，则是左脑的活动较为活跃。然而，不管是在哪个领域里才能卓越，都不只是一边脑的单独活动，而是左右脑同时作用的结果。左右脑越是能均衡活动，才能越是能得到良好的发挥。

图1

左脑的功能：

对构成整体的各个要素保持兴趣，探索各个要素的特性并处理信息

分析地、顺序地、系列地处理时间方面的信息。掌管语言的信息，连续地思考

右脑的功能：

对整体和形态保持关心，聚合各个构成要素，统合整体并处理情报

关系地、构造地、图形地、同时地、并列地处理空间方面的信息

担负视觉的功能，掌管音乐的功能

韩国人有更多使用左脑的生活习惯。像从小就训练使用右手写字、说话、计算等，使用左脑的情形相对于右脑要多得多。这种不是两边脑的机能均衡使用，而是更多地使用左脑的生活习惯，就妨碍了头脑的均衡发展。

要发展孩子的才能，就要抛弃偏重于使用一边脑的生活习惯，培养均衡使用两边脑的生活习惯。幸运的是，最近越来越多的父母认识到左右脑均衡发展的重要性，从必须更多使用右手的强迫观念中解放出来，开始有意识地训练孩子均衡使用左右两手。

未来，和那些只会说正确答案或者人云亦云的人相比，有创造性和更多想法的人会得到认可。因此，父母不要仅仅重视孩子左脑的发展，对孩子右脑的启发更要多下工夫。

小贴士

只有左右脑均衡发展，方可培养才能

韩国脑科学研究院的实验结果证实了左右脑应该均衡发展的原因。韩国脑科学研究院选择了智商在145以上的英才小学生和普通的小学生各5名作为研究对象，进行了用"自身共鸣映象法"测定脑活动的实验。结果是，在解决较为简单的问题时，英才小学生和普通小学生的脑活动类似；但在解决需要创造性的问题的时候，英才小学生的脑活动不仅非常活跃，而且左脑和右脑的神经网产生了更多的联系。这个实验意味着，要解决复杂的问题，就要使左脑和右脑都变得活跃。

培养右脑的力量

多使用身体的左边部分。让孩子多使用平时不太用的身体左边部分，即左手和左脚。例如，用左手喝水、接电话、递东西、开门、堆积木，或者用左脚踢球、推东西等。

培养空间感觉与图形认识的能力。通过各种各样的活动，培养孩子的空间感觉和图形认识的能力。所谓图形认识，就是找出某种形态的特征、进行整体统合的能力。经常训练孩子进行诸如寻找隐藏的画、寻找类似的画、寻找画中的差异、通过部分把握整体、认识背景、认识面孔等活动。此外，多让孩子看各种图形、形态和符号并进行运用。

训练孩子放松身体。训练孩子有意识地先给身体的一部分加力，使肌肉紧张；然后再放松，消除肌肉的紧张。还有，要让孩子保持平和的心态，可以让孩子保持一种姿势或进行深呼吸、从1慢慢地数到10、说话的过程中停一会儿再接着说、安静地坐在座位上等，这些都能起到训练右脑发展的作用。

经常让孩子听安静柔和的音乐。在音乐中，安静柔和的古典音乐有助于右脑的发达。能促进右脑活动的代表性音乐有德彪西的《大海》、肖邦的《"小狗"圆舞曲》、约翰·施特劳斯的《蓝色多瑙河》、德沃夏克的《幽默曲》、勃拉姆斯的《催眠曲》、巴赫的《勃兰登堡协奏曲》和《G弦上的咏叹调》、维瓦尔蒂的《四季》、莫扎特的《小小夜曲》、亨德尔的《慢板》、阿尔比诺尼的《柔板》等。

和孩子进行"五觉对话"。在与孩子进行交流的时候，与其将重点仅仅放在意义传达上，不如灵活运用五种感觉（视觉、听觉、嗅觉、味觉、触觉），进行训练感觉的练习。也就是说，在与孩子进行眼神交流和对话的时候，也帮助孩子通过身边的环境进行直接观察、倾听、闻味等方式获得直接经验。

以多样的方式训练孩子进行画面联想。让孩子在看图或者听音乐的时候联想具体的场面，并说出自己的感觉；让孩子想想自己如果是一只兔子或一支铅笔，会有什么样的感觉；让孩子看着食物的图或照片，想象会有什么味道；或者让孩子直接将脑海中浮现的形象直接画出来，这些都是很好的训练方法。

让孩子喜欢上想象或幻想。让孩子试着想象未来的生活、想象去太空旅行或者到一个陌生的地方游玩；让孩子想象自己成为小说家，可以随意想象和自由表达；让孩子对自己未来的希望进行思考；或者带孩子到树林或他喜欢的场所去散步，这些都是不错的想法。孩子的想法即使不现实或不合逻辑，也不要忽视或批评，而要让他自由地表现，这一点很重要。

表1

左脑发达的孩子的特征	右脑发达的孩子的特征
理性、理智	直觉突出
对语言的指示或说明反应较快	对象征的指示反应较快
对顺序或部分的认识较强	对整体的、类型的认识较强
按逻辑思路解决问题	靠直觉解决问题
客观地判断	主观地判断
喜欢确实的信息	依靠内心的感觉审美
用分析的方法读书	用统合的方法读书
喜欢说话或写文章	喜欢画画或操作
喜欢有计划的、定好的事情	喜欢自由的或开放性的事物
喜欢选择型的问题	喜欢主观式的问题
懂得克制自己的感情	善于表现自己的情感
较好地理解语言的具体表现	较好地理解身体语言
较好地使用事实与根据	经常使用隐喻或类比
记忆姓名能力较强	记忆面孔能力较强

智力与才能不相同

父母一看到自己的孩子表现出一点特别的举动，就会萌生出"我孩子是不是天才或英才"这样的期待。父母总希望通过智力测验这类测试来确认孩子的能力，有时结果略微高一点，父母就相信孩子什么事情都能做得好。在父母看来，孩子的智商就好像能使一切事情成为可能的魔术棒。

智力，包括了经验以及学习、思考、判断、适应环境等各方面能力。智力作为以遗传和环境等因素为基础而表现出的个人的整体适应能力，与才能的概念略有不同。如果说才能是数学、科学、语言、音乐等特定领域里特殊的能力，那么智力则意味着无论在任何领域（语言能力、理解能力、操作能力、数理能力、判断能力、空间知觉能力）都能表现出的一种能力。在这样的意义上，在特定领域里表现出突出能力的英才性，与智力的高低无关，指的是容易接受该领域的知识或技术的能力。

人们对智力如此关心，以至于很多测定智力的测验被开发出来。虽然智力测验能测定一些能力，但对生活适应力、创造力这样的能力却无法测定，就连对才能的判别也无法准确地测验出来。因此，智力测验不能成为对孩子发展可能性的绝对评价。

美国耶鲁大学心理系教授罗伯特·斯坦伯格对智力测验本身就坚决持有批判的立场。因为我们一般使用的智力测验，并不能对孩子在学校里的学习能力或者在人生中成功所必需的重要因素进行全面评价。尤其需要指出的是，智力测验虽然可以较好地评价分析力或语言能力，但无法很好地评价创造性或是实践的知识。

总而言之，如果一个人智力较高，其获得知识或理解的速度可能较快，但并不意味着在特定领域里的才能较高。因此，即使我们知道智力测验的结果，要把握一个人在什么领域拥有多大程度的才能仍然很困难。

智力测验到底测的是什么

现在韩国主要使用的是韦克斯勒智力测验。幼儿的韦克斯勒智力测验适用于3～7岁，儿童的韦克斯勒智力测验适用于6～15岁，而成人的韦克斯勒智力测验则适用于16岁以上的人群。该测验并非是普遍通用的试卷测验，而是针对个人设计的测验，测验时间需要1～1.5小时。

韦克斯勒智力测验中的语言能力测验采用主试问、被试答的方式进行，动作性测验则通过让被试画画或堆积木等方式进行。由此得出的结果，不仅可以测定整体的智力水平，还可以测定语言理解能力、知觉组织能力、手眼协调能力、注意集中能力、处理速度能力、知识储备的程度、思考力、对社会生活的理解和判断力、计划力等各项能力。

韦克斯勒智力测验得出的智商数，并不是绝对的评价数值，而是将相同年龄段的群体平均分设为100分，然后算出和该平均分相比，相对高多少或低多少的相对评价分值。例如，智商为120的人比相同年龄段的平均智商水平高，而智商为90的人比相同年龄段的平均智商水平低。

才能也要靠培养

培养孩子潜能的家庭教育法

所有孩子都有发展才能的潜在可能性。只是由于培养方式的不同，有的孩子可能发展出令人惊叹的才能，有的孩子却没那么幸运。才能的潜在可能性虽然是天生的，但尽早把握这种可能性，努力将其向才能和适应力方向引导，这是非常重要的。

才能是天生的，可是能力需要培养

才能是天生的，但天生的才能并不意味着必然能成为出色的能力。有些人在与自身才能相关的领域内表现得非常出色；有些人的才能则彻底埋没，过着完全不同的平凡的生活；还有些人小时候表现得能力突出，而长大后才能逐渐消失。要发挥才能，取得创造性的成就，需要具备以下几个条件。

首先，必须具有才能的潜在可能性。

其次，必须有能够培养才能的环境。综观出色的英才，其父母大部分都知道尽早去发掘并培养孩子的才能，他们不仅在孩子教育上投入金钱，更在孩子身上投入持续的关心和爱。这是通过真正关心孩子爱孩子而得到好结果的例证。

最后，孩子自己要有发挥才能的意志，并为发挥才能付出自己的努力，这是心理方面的要素。努力和意志作为心理的要素，指的是对与自身才能相关的事情充满好奇，并且有着很强的实现动机。具有这种要素的孩子，能够很快接受才能培养的训练课程，并会为最大限度地发挥自己的能力而付出不懈努力。

综上所述，虽然才能是天生的，但必须同时具备教育环境与心理的要素，方可将才能充分地发挥出来。要找到孩子的潜在可能性并加以培养，就必须仔细地观察与思考孩子到底对什么特别感兴趣，而不能太多贪心或太过执著。

观察期结束后，父母就要创造能集中培养孩子才能的教育环境。为了培养通过观察期发现的孩子的才能，有必要根据孩子的才能发展期给予适当的刺激，进行培养心理特性的人性教育以及基础学习能力的教育。

要培养孩子的才能，创造能够启发兴趣与素质的"探索环境"很重要。所谓探索环境，指的是给予适当的刺激，让孩子接触多种领域，不仅仅通过直接的知识学习，还通过观察和体验来学习，由此培养孩子的好奇心与兴趣。

太快是问题，太慢也是问题

要发展孩子的才能，让孩子知道一分耕耘一分收获的道理很重要。要知道，虽然付出努力的人大多能获得成功，但失败的例子也很多。付出辛苦努力却失败了，或者没有付出什么努力却得到好结果，就是明显的例子。付出辛苦努力却失败的情形，是由于目标过难，大大高于孩子可以接受的水平；而不需特别努力就获得好结果的例子，则表示目标的水平和孩子的发展及期望、能力相比太过容易了。

如果像这样努力与结果不相一致的情况经常发生的话，孩子会渐渐变得不愿付出努力。经常经历失败的孩子，会陷入一种无力感，认为自己的能力不足，即使努力也没用，于是就不再愿意接受更多的挑战。而那些习惯于过分简单目标的孩子们，随着年龄的增长，当遇到较难目标的时候，会由于自己能力的界限或不足而受到冲击。这是因为在孩子未付出特别努力就得到好结果和称赞的期间，他的能力实际上处于停滞状态。

在给孩子目标的时候，一定要考虑孩子发育的程度。只有这样，孩子才不至于产生挫折感或骄傲感。这就意味着，过早地给予孩子太难的目标而使孩子陷入无力感，或是滞后于孩子的智力发展水平，给孩子太容易的目标，让他太轻易得到称赞，两者都不可取。应该通过给孩子一些能在一定程度上激发其挑战意识的目标，让孩子知道只要自己付出努力就可以做成，这一点很重要。

莫把欲望当作爱

"这样做都是为你好。" "照妈妈说的去做准没有错。"

很多父母希望通过孩子来实现自己未完的理想，这是一种补偿心理。然而，将孩子看作父母生命的延伸是不对的。孩子也是独立的个体，各自有着与自己发展阶段相适应的成就或目标。不顾孩子的成就或目标，而将父母的欲望强加在孩子身上，孩子就无法享受到自我梦想实现的幸福感。

有些孩子较晚才不用尿布，有些孩子较晚识字，有些孩子则不会学习。爱和欲望是不同的。父母如果不能区分自私的欲望和爱，孩子就会渐渐变得无力或耽于反抗的行动，产生负面的影响。这一点千万不要忘记。

对于成长的孩子而言，最大的力量就是父母的爱。在父母的爱中长大的孩子，情感比较丰富，有着强烈的自信和自我肯定的感觉；而在以爱的名义包装起来的父母的欲望中长大的孩子，则会表现出紧张、不满、不安和怯懦，有较多的挫败感。

父母如果真正爱孩子的话，就不该将欲望或期待转嫁到孩子身上，或者固执于自己曾经接受的教育。现在是尊重个性的时代，要求子女和自己一样思考，持有同样的价值观，这是不对的。父母要承认自己和孩子所处的时代不相同，要努力去接受孩子的价值观。

健康的身心·是启发才能的必要条件

健康的身体和心灵是培养才能的基础。因为无论才能有多出色，如果体力虚弱，经常上医院的话，才能也很难得到发挥。所以，要发展孩子的才能，一定要首先重视身体的健康。

欧美孩子的体力和精神力很强。即使好几个晚上连续熬夜学习，到了考试结束，还是有足够的精力收拾行囊，到郊外露营游玩。他们从小就不仅关注学习，而且对体育运动等趣味活动感兴趣，经常和朋友一起玩耍，在家里也不忘帮父母做家务事。

但是，各种报告表明，韩国孩子的体力越来越下降了。现在的吃住条件都比以前优越，然而孩子的体力却下降了。稍微费点力气的事情都很容易放弃，而且挑战困难的意志力也很欠缺。为什么会出现这样的情况呢？很可能是因为运动得太少，不愿在事情上花太多精力的缘故。孩子们宁肯在书桌前静静地坐着看书，也不愿自由地又跑又跳；即使是很近的距离也选择打的士，而不愿意走着去。和以前相比，使身体得到运动的时间很不够。

虽然在培养孩子的才能之前就应该先使孩子的身心健康，但这并不能一蹴而就。要培养孩子的体力，应该先创造如下的生活环境：

第一，食物的摄取要均衡。让孩子不要偏食，少吃快餐食品，多吃健康食品。另外，千万别忘了，早餐一定要吃，因为这可以培养注意集中力。

第二，让孩子坚持运动。即使是简单的散步或跳绳，也要每天坚持。运动可以培养孩子身体的柔软性、敏捷性和机敏性，使肌肉和骨骼健壮，可以增强孩子的体力，增进克服困难的耐心。另外，经常让孩子保持愉快的心情，也有助于他进行积极的思考。

第三，让孩子有自己经受考验和克服困难的经历。在父母过分保护下长大的孩子，无法具有强大的精神力。通过亲历困境，并在经历艰难的过程后赢得成功，不仅能增强孩子意志力，而且会让他变得具有成就感、自信心和挑战意识。

　　第四，即使孩子还小，也要让他分担一些力所能及的家务事。让孩子洗自己用过的碗并放好；在准备饭菜的过程中把汤匙或筷子摆好；自己整理玩具；把要洗的衣服放进洗衣机等。如果孩子年龄稍大，还可以让他做倒垃圾或将垃圾分类的工作。

父母和子女也要相互适应

　　孩子如种子，父母如园丁，研究性格的学者如是说。种子有可能成为玫瑰，有可能成为百合，还有可能成为菊花。要想种子生长得好，园丁就当尽心浇水、施肥、提供很好的土壤和阳光，一切都要合宜。然而，如果撒下的是玫瑰的种子，即使好好栽培，也只能长成一朵很好的玫瑰，绝不能长成一朵百合。有的时候，有些父母硬要把本可长成玫瑰的孩子培养成百合，结果孩子的才能还未怎么成长就凋零了。

　　虽然生活经验丰富的父母知道的东西比孩子多，也更可能做出较好的判断，但这不是说父母的想法总是对的。因此，父母在对待孩子的时候，不应只考虑自己的判断和想法，而应该理解和包容孩子的立场，懂得调和孩子和自己的意见差异。因为，如果父母硬将自己的立场和性格强加给孩子，孩子的个性和优点就会丧失。

　　孩子们都有自己特有的色彩。孩子展现自己特有的色彩，发挥自己特有的才能，长大后有的成为音乐家，有的成为文学家，还有的成为科学家。孩子的才能发展就是这样受性格影响，而每个孩子的性格都各不相同。拿缓解压力的方式来说，性格不同的人就有不同的表现。如果是内向的孩子，喜欢一个人安静地待在房间里；而外向的孩子则喜欢到户外和朋友一起玩耍，以此来缓解压力。如果妈妈性格内向，而孩子性格外向的话，妈妈应该承认这个差异。即使妈妈和外向的孩子一样很难改变自己的性格，也应该努力去接受孩子的行为方式，而不应以父母的立场为依据来判断孩子。

找出孩子乐意去做并且做得最好的事

培养孩子的才能，就是给孩子幸福

头脑聪明或者学习成绩优秀，并不意味着一定能生活幸福。相对而言，身心健康，与他人一起愉快长大的孩子，能体会到真正幸福的机会要多得多。虽然寻找并培养孩子的才能很重要，但只有教孩子怎样利用自己的才能为他人服务，才能使孩子过上幸福的生活。

孩子是长跑运动员，父母就是教练

培养孩子的才能，就像一场马拉松长跑。在经历艰辛、最终跑完全程的马拉松比赛中，最重要的人是马拉松选手；同样地，要最大限度地发挥才能，最重要的人是孩子自己。孩子必须具有潜在的可能性，还应该具有希望发挥可能性的强烈意志。

然而，再好的选手也需要教练。优秀的教练能很快发现选手的才能，并正确把握选手的优缺点。如果遇上好教练，对选手加以训练和引导，并提出自己的建议，选手的实力会有很大提高。如果将孩子比作马拉松选手，那最了解孩子的父母就是优秀的教练。

优秀的教练不会让人傻跑。他会培养选手能承担长跑比赛的体力，并帮助选手培养起坚忍的意志力和跑完全程的忍耐力。同样，父母在培养孩子才能的时候，应该考虑孩子的年龄和成长可能性，帮助孩子拥有强健的体魄，能够不断地超越自己。另外，培养孩子不半途而废、坚持跑到最后的坚忍意志力也很重要。

正如马拉松是长距离径赛运动一样，在孩子的才能教育方面，父母也应该具有长远的目光。这并不是说现在就多学一两样，比别人早开始的意思。如果父母不安、焦虑，孩子就更容易丧失自信心。另外，太严格或者太温和都不好。如果过于严格，孩子的自律性和创造性就无法发挥，而且这种受压抑的经验易使孩子产生逆反心理与攻击的倾向。因此，与其过分地保护或监督孩子，不如在一定的界限内帮助孩子认识并发挥自己的价值与能力。

从与孩子的感情交流开始

在与父母交谈的过程中，他们经常问的一个问题是，"应该怎样和孩子交谈？"这是在问创造父母与孩子间圆满关系的秘诀。在与孩子交谈的时候，应该持有的一条清晰原则就是"爱与包容，理解与尊重"。

固然这条原则遵守起来不那么容易，但可供实践的方法还是很多。首先要相信孩子能做好，激励孩子自己完成一件事。还有，在事前先问问孩子的想法和意见，即使做错了，也要激励孩子，给他时间，并培养他克服困难的勇气。

所谓理解，除了"明白事理，知晓话语或文章的含义"之外，还包含"明白对方的意思或想法"的意味。因此，父母理解孩子，指的就是在陪伴孩子的过程中，通过长时间的经验，彻底了解孩子。而且，不仅要把握并知晓孩子的表现或意图，还包括了与孩子相互磨合的过程。

最近，随着父母和孩子在一起的时间越来越不足，两代人间的相互深入了解也变得困难重重。虽然父母事多，孩子要在学习班里学这学那，大家都很忙，但即使是很短的时间，父母也要创造机会，让孩子愉快地度过。

父亲的作用也很重要

英国伦敦大学的研究结果表明，在新生儿时期，经常接受父亲洗澡，和父亲有较多皮肤接触的孩子，在成长过程中与朋友交往得较好，社会适应力较佳；而没有经常接受父亲洗澡的孩子，社会适应力较差，出问题的情形较多。另外，在婴儿时代没有经常接受父亲洗澡的孩子中，有相当一部分没有好朋友，且认为别的孩子不喜欢自己。与父亲的皮肤接触，成为孩子接触世界的途径，这是研究结果所显示的。

父亲应该通过让孩子知道世界的丰富多彩，来开阔孩子的视野。和母亲的称赞相比，有时孩子更看重父亲的称赞。因此，在孩子确认并发挥自己的才能方面，父亲的激励和建议起着非常重要的作用。

现代以来，对于孩子而言，父亲正成为越来越重要的存在。尤其是孩子开始上学，经历青少年期的时候，父亲的作用显得更加重要。对于孩子来说，父亲不仅仅是经济的来源，他们更希望通过父亲知道很多事：想听听父亲谈谈孩子已知的世界或尚未知晓的事物；特别想听听父亲谈他自己的经历，谈他如何克服生活中的困难；想听听父亲对自己的看法；还想和父亲谈谈自己的生活。

如果说过去父亲的作用局限在承担社会角色及负担家庭经济的方面，现在的父亲则还应担负起引导孩子的价值观与人生观，为孩子才能的充分发挥创造良好环境的任务。

提高孩子的幸福指数

智商高或者多才，并不代表孩子能过上幸福的生活。即使没有特别的才能，也可能很幸福。幸福不是来自头脑，而是发自内心。要让孩子幸福地成长，父母就应该将饱含着温暖的爱的情绪教育作为基础。因为只有孩子情绪愉快安定，才能够最大限度地发挥自己的能力，在做自己喜欢做的事的过程中，以一种积极的态度去生活。

从出生到2岁的孩子，大部分时间都在父母的怀抱里度过。由于这段时期孩子在身体上和心灵上都百分之百地依赖父母，因此，要让孩子感觉到幸福感，应该通过身体的接触，将爱、保护、激励、信赖和安全感传递给孩子。

2岁到4岁左右的孩子，在一定程度上已经能走能跑，能够自己活动了。他们愿意自己穿衣服、穿鞋子、将牛奶从冰箱里取出来喝，连饭也愿意自己吃。还有，他们也开始学会自己大小便了。这个时期的孩子，虽然从身体方面而言，已经可以脱离父母，发挥自律性，但在心理上仍表现为依赖父母的倾向。不管去哪里，总希望父母一起去，连玩耍也希望父母陪伴左右。这是自律性与依赖性共存的时期。对于这个时期的孩子来说，父母除了要给予关爱、照料、激励、称赞，并和孩子交流之外，还要努力为孩子创造自己动手的机会和经验，这是非常有益的。

4岁到6岁是孩子上幼儿园的时期。这个时期的孩子尽情玩耍，也逐渐熟悉利用手的活动，即使父母不在身边也不怎么感到害怕，喜欢交朋友和在户外玩耍。这是孩子逐渐从心理上开始离开父母，培养社会性的时期。孩子希望在玩自己喜欢的游戏并与其他孩子磨合的过程中自己主导行动。这个时期的孩子虽然已开始培养主导性和社会性，但心理上还是像以前一样依赖父母。因此，父母要给孩子充分的爱，经常和他分享他的情感，多让他和小伙伴们一起玩，给他买各种各样的玩具。同时，父母还要创造机会，让孩子能更多地尝试新事物；即使做错了，父母也要理解，并要帮助孩子自由地行动。

满6岁到12岁的孩子在上小学。这个时期的孩子，很多方面已经开始脱离父母独立行动。孩子逐渐摆脱依赖父母的状态，变得更加独立，把很多时间花在学校与学习上。这个时期的孩子，责任感增强，在与伙伴们一起生活的过程中，也逐渐熟悉社会生活。在这个时期里，孩子希望发挥自己的能力。因此，应该让孩子自己思考将来想干什么，并且多给孩子发挥才能的机会。此外，帮助孩子通过野营等活动增进与老师和朋友的感情，让孩子通过多种体验来增进自己的能力，并借此培养起对未来的希望与自信，这些都是有益处的。

第 一 招

培养孩子的基础潜力

开启孩子才能之门的基础潜力

所谓基础潜力，指的是要将孩子的可能性发展为才能所必须具备的基本能力。比方说，孩子要发展语言、数学、科学等才能，就必须具有像集中力、记忆力以及坚持到底的耐心等能力。因为不管孩子的才能有多突出，如果这些基础潜力不足的话，才能就无法得到很好的发挥。

才能发展的核心——基础潜力

虽然天才是天生的，但其才能的实现却必须在环境中完成。这也就意味着，由于父母为孩子创造的环境不同，才能可能被造就，亦可能被埋没。无论孩子具备多么突出的才能，如果父母没有为他创造可以发挥才能的环境，那这些才能也就仅仅止步于潜力。

孩子要发挥自己的才能，必须具备注意集中力、记忆力、成就动机、忍耐力、目标执著力等能力。这些能力虽然不是才能本身，但却是发挥才能所不可或缺的重要内在力量，我们称之为"基础潜力"。有些孩子虽有着优秀的能力，但却注意力涣散，集中力不足，无法正常发挥自己的才能，这正是基础潜力不足的结果。

基础潜力不足的孩子，由于诱发动机的能力或目标集中力不足，无法贯彻始终；或是因为注意力不集中、易冲动、记忆力减退，在学习过程中容易错过或无法记忆重要的信息。而且，由于深入思考或长时间耐久力量的不足，失败或得到负面结果的概率较大。这样一来，孩子陷入自身能力不足的自责，就很容易成为丧失自信、只会人云亦云的人。

孩子发挥才能、发展能力，如同长跑一样。如果你已发现孩子在特定领域有才能，那就把握时机，培养孩子的基础潜力，使孩子的这项才能成为他的能力吧！

生活所必需的基本能力

注意集中力或记忆力这样的基础潜力，是生活中必需的能力。基础潜力不足的孩子，借了别人的东西后，很容易把东西弄丢或损坏，而且经常忘记和朋友的约定，经常打断别人说话。这些行为由于会给他人带来损害，也就造成孩子在团体生活中感到困难。如果孩子经常这样做，就容易受到同伴的排斥，成为与伙伴格格不入的人。

注意集中力或目标执著力不足的孩子，在学校也无法安静，要么特别淘气，要么特别贪玩，行动很散漫。因此，经常会受到老师的批评或指责。而经常性的批评或指责，会让孩子产生"自己是个活该受老师批评的坏孩子"的负面自我概念。而且，由于一般人都以否定的眼光来看待经常受老师批评的孩子，伙伴们也就不愿意与之交往。这样说来，即使在发展人际关系与社会交往能力方面，基础潜力也是不可或缺的。

培养孩子的注意集中力

注意集中力，指的是为特定的目标，将精神的能量集中于一处并加以运用，一般也称为集中力。注意集中力较差，不仅会使孩子在学习方面感到困难，而且会造成孩子性格的散漫，进而引起社交能力变差，因此很容易对孩子的自我成长产生负面的影响。所以，即使是智商很高、潜力很大的孩子，如果不培养注意集中力，也将一事无成。

培养潜力的核心——注意集中力

每个孩子的注意集中力都不同。有些孩子总体集中力缺乏；有些孩子虽然能够集中，可是很难持久；还有些孩子在读书的时候能集中，在解数学题的时候就几乎无法集中，表现出领域的差别。

有些父母看到孩子表现出散漫的行为时，会认为"孩子本来就是这样"而不加关注。固然，与大人相比，孩子集中的能力较弱，较易表现出散漫的行为，这是个事实；但是，孩子也具有在随意的活动中，为达成目标，能够在一定时间内集中注意的能力。

集中力强的孩子，能够连续两三个小时坐在一个地方读书，也能够自己用积木堆成一座大房子。这样的孩子，如果不达到目的，即使妈妈叫他吃饭，他也会一动不动，集中力很强，持续的时间也很久。

与之相反，集中力弱的孩子，一会儿也坐不住，即使看书也看不了几页，总是在摸摸这本、摸摸那本。有时，在解答难题或堆积木的过程中，会突然放弃，转而在屋里跑来跑去玩耍了。

如果放任孩子这样，那么在孩子入学后，就会在学习和人际关系方面遇到很多困难，因此，建议父母多多指导孩子，以纠正他的散漫，并培养他的集中力。

要给孩子充分的爱，但要避免过分保护

有些孩子虽然看来不笨，但学习成绩却较差，什么事情都是做得时好时坏，起伏很大，这也是注意力涣散的特征。这样的孩子情绪上无法安定，而且由于他对自己行为的结果不在意，伙伴们会不喜欢他。对这种情况如果不加以注意，就会造成其社交能力低下。

注意力涣散的孩子，在幼儿园或学校生活中会遇到很多困难。在上课的时候，无法在座位上安静，一直动来动去，坐立不安；无法正确理解老师讲的内容，做作业也做得奇怪，即使好好做了，也经常出现马虎的情况；经常丢东西，经常打断他人说话，话太多……这些也是在注意力涣散的孩子身上可以见到的特征。

如果不是像"注意力欠缺过动障碍（ADHD）"这样的注意力障碍，那么注意集中力的不足，则主要来自父母和环境的影响。耐心不足、注意力涣散的孩子，很多都受到父母或祖父母的过分保护。而如果受到过分保护，孩子的自我克制能力或耐心就会变得不足，因此经常表现为行为冲动，无法忍受比较困难的事物。

但是，与过分保护相对，在孩子无法从父母那里得到关心和爱的时候，他也会变得散漫。孩子为吸引父母的关注做出一些出格的举动，如果父母经常训斥他，那么他心里不安，就会变得更加散漫。另外，夫妻经常吵架或者不安定的家庭环境也会使孩子产生心理上的不安，从而导致孩子注意集中力的下降。

小贴士 如果孩子注意力过分涣散，请寻求专家的帮助

　　注意集中力表现异常的孩子，如果情况严重，一定要接受专家的集中治疗。最具代表性的是"注意力欠缺过动障碍"，一般称为"ADHD（Attention Deficit Hyperactivity Disorder）"。这种注意力障碍，由于表现出注意力涣散、过分好动和冲动性三方面的问题，因此一定要接受专家的药物治疗和行为矫正治疗。此外，智力迟钝的孩子，注意集中力也很差；而患有自闭症的孩子与一般孩子不同，表现出将注意力集中在特别事物上的特性。这些情况，一定要从专家那里接受特殊教育。

检测孩子的集中力水平

　　以下的检测清单检测孩子的集中力、注意力涣散与否以及是否有注意力欠缺过动障碍。按照所列项目检测之后，如果发现孩子在"A"类与"B+C"类中各有6个以上的症状，并持续6个月以上，且这些症状在7岁以前就开始的话，最好寻求医生的帮助。

孩子集中力检测清单

1.注意集中力

　　（1）在学校生活或者目标活动中经常犯错，无法对琐细的事情集中注意。

　　（2）在执行目标或者玩耍的时候，很难一直集中注意。

　　（3）在听从别人的指示方面感到吃力，或者根本不想听从。

（4）不倾听别人说话。

（5）很难完成目标或活动。

（6）对需要付出努力的目标根本不愿去实行。

（7）经常弄丢目标活动中需要的物品。

（8）容易受外部刺激干扰而使注意力变得涣散。

（9）经常忘记日常生活中的规则或要做的事。

2.过分好动障碍

（1）动作非常快，喜欢跑来跑去。

（2）即使坐着手脚也不安静，身体扭来扭去。

（3）无论是在需要安静的教室，还是在其他地方，都无法安分，喜欢东逛西逛。

（4）玩的时候，喜欢大声喧哗。

（5）经常弄坏东西。

（6）话过分的多。

3.冲动性

（1）经常在别人还没有问完问题的时候，就急着说出自己的答案。

（2）无法按次序等待。

（3）经常在游戏的时候或者别人话说到一半的时候妨碍别人，或者插入自己的意见。

培养集中力的选择性、持续性和强度

注意集中力包括"选择集中力""持续集中力"和"集中力强度"三方面内容。所谓"选择集中力"，是指对重要目标给予关注的瞬时能力。也就是区分次要刺激与重要刺激，忽略次要刺激，只将注意力集中于重要目标上的能力。选择集中力强的孩子，表现出不管在什么环境下，都能将注意力集中在学习上的特征。

"持续集中力"则意味长时间保持注意的能力。孩子能够长时间坐在桌前学习而不分心，说的就是这种情况。下围棋或下国际象棋的时候，也需要持续集中力。在需要长时间才能完成的任务中，韧性、忍耐、执著这样的持续集中力就比瞬时集中力显得更为重要。可以这么说，像飞机、汽车、移动电话这样的科学发明，都是持续集中力所创造的结果。

　　"集中力强度"指的是完成任务所需要的能量大小。在孩子已经集中注意或是长时间学习，却没有明显收效的时候，就要考虑集中力的强度，即用于集中的能量的大小是否在解决问题和应对任务的时候不足。集中力的强度与不安、畏怯等儿童的心理状态以及希望达成目标的动机程度有着很深的关系。

小贴士　学习方法不对头，也有可能造成注意力涣散

　　由于学习方法的不同，注意力也有可能变得涣散。选择性的问题或仅仅说出正确答案的教育方式、接受填鸭式教育等，也会使孩子在持续集中力方面遇到困难。

　　相反，如果对英才儿童刺激过少，也会产生一些问题。仅仅学习远远落后于自己才能水平的课题，由于不需付出什么努力就能轻松解决问题，就很容易使孩子不仅在学习上变得疏于集中注意，而且由于将能量用于别处，从而导致注意力变得涣散。

生活中训练孩子集中力的方法

　　要培养孩子的注意集中力，父母的作用最重要。孩子对事物的好奇心不断增长，对世界的了解不断深入，对孩子而言，这是一个不断在经验中学习、不断增进可能性的过程。因此，父母应该根据孩子的发展阶段给予适当的帮助，以提高孩子的集中力。如果能灵活运用以下方法，为孩子创造良好的环境，就能提高孩子的集中力。

刺激孩子的好奇心。如果传达给自己的信息与平时的刺激有所不同，孩子就会对新鲜的刺激投入关注。因此，用特别的模样、颜色、声音或气味等刺激孩子的好奇心是有益处的。

定下目标，让孩子品尝成功的喜悦。认识到自己正在做的事情的目标，带有目的意识的时候，会令孩子产生强烈的注意集中力。当难题终于被攻克的时候，当机器终于组装完成的时候，当一本大厚书终于读完的时候，当一幅画作落下最后一笔的时候，那种喜悦是唯有当事人才能体会到的。

太容易实现或太难实现的目标都无法让孩子体会到成功的喜悦，因此，要根据孩子的水平，选择适当的难易度，让他通过付出时间和努力才能够达成目标，进而体会到成就感。这样的经验会让孩子产生再次挑战的欲望，所以能提高集中力。

太新或太熟悉的内容要慎重。孩子们有容易将注意力集中于熟悉事物的倾向。这是因为将注意力集中在这些事情上无须耗费太多能量，也不要求太久的持续力，而且，熟悉的事物传达给大脑的信息几乎都被自动处理了。对太过熟悉的事物，虽然孩子能表现出注意集中的模样，但其实注意集中的能力并未派上多大用场。这样，孩子在持续集中方面多少会感到困难。而且对于英才儿童，如果不给予和其水平相称的刺激，反而会造成注意集中力的降低。

但是，如果给予孩子太新或太难的题目，也会导致孩子在持续关心或注意集中方面的困难。太新或水准过高的题目，会造成孩子逃避学习等负面影响。

敏感地处理变化的刺激。环境发生变化时，孩子的目光很自然地会转向那里。妈妈穿新衣服或者换发型时，孩子意识到并谈论这个变化，正是变化带来的注意集中力。即使是集中力较强的孩子，如果总重复做同一件事情，也会因感到厌烦而导致集中力下降。另外，即使是注意集中力不足的孩子，也很容易将注意力集中在电脑

第一招
培养孩子的基础潜力

或电视上。其原因就在于画面始终在快速运动和变化。然而，如果孩子仅仅将注意力集中在像电视或电脑这样过分变化的事物上，而未能发展起对静止或不变事物的持续集中注意的能力，就会产生注意集中力方面的问题。

把孩子身心健康的状态放在心上。孩子在身体、精神健康的时候，能提高注意集中的能力；而在虚弱、生病或内心受伤的时候，注意集中力就降低了。此外，孩子缺钙或维生素，也会出现注意力涣散。

当内心深处感到伤害时，孩子会变得不安或紧张，注意集中力会降低。由于情绪不安而出现"Tic现象（自动眨眼的现象）"时，要让孩子平静，帮助孩子克服内心受到的伤害。如果Tic现象一直持续，请务必寻求专家的帮助。

创造能使孩子情绪安定的环境。人的大脑处于α波状态（清醒时的放松状态）时，意识清晰、精神活动活跃，人脑处于α波状态时，注意力比较集中，持续时间也较长。因此为孩子创造能使其情绪安定的环境，对提高孩子的注意集中力非常重要。

父母应尽可能消除不必要的刺激，让孩子在情绪安定的环境里生活。杂乱无章的家庭环境会让孩子松懈和散漫，因此，要让房间的氛围变得更加和谐，家具也要采用平静的色调，只摆设必要的东西。但也要考虑到，一定程度的视觉刺激也是必要的。

让孩子养成将钥匙挂在门廊边上，将鞋子收拾整齐的习惯；让孩子利用好自己房间里抽屉、袜筒、玩具筒等空间，整理好自己的物品。这样的过程对孩子学习分类与集合的概念也很有帮助。

父母自身平和安定的生活态度与表情会对孩子的情绪稳定与否产生非常重要的影响。要培养孩子的集中力，在孩子玩耍或读书的时候，父母不要干涉或妨碍。尤其不要焦急地催促孩子"快点快点"。此外，父母在孩子面前表现出情感波动也不好。

定了规则就要遵守。在日常生活中，最好定一个行动的界限。在制定界限的时候，注意不要太过严格或宽松。如果太过严格，孩子的创造力就很难发挥，而如果太过宽松，孩子的逻辑思维能力就无法发展。而且，如果父母对孩子过分保护的话，就无法培养孩子的耐心。

把在家里应该遵守的具体规则，也就是关于作业和学习的规则以及关于生活习惯的规则列一个清单，贴在孩子看得见的地方，让他加以实践。训练孩子看着这些该遵守的规则自己判断要如何行动。

在家庭活动或日常生活中，如果有什么计划，要提前告诉孩子，在日历上标示出来，或者做一个计划书并贴在醒目的地方，以便孩子经常确认。

培养孩子调节感情的能力。注意集中力不足的孩子的特征之一，就是自我调节自身感情与行为的能力不足。自我调节能力是指检验并分析自身行为的能力，甚至包括在学习或游戏过程中所必需的懂得独立制订计划与战略的能力。

控制并调节自我，是学习或生活中不可或缺的重要能力。通过培养孩子的自我调节能力，孩子会减少冲动的行为，提高注意集中力，在学习方面变得主动。

消除妨碍注意集中力的因素。忧虑、担心、忧郁等心理的不安感会妨碍孩子的注意集中力。父母要尽量让孩子在学习或精神集中于某件事时不受周围的噪音或嘈杂的环境干扰。

不仅是电视、游戏机、音乐会产生干扰，父母如果动不动就叫孩子拿这拿那，或者自己走来走去，都会对孩子的集中力造成妨碍。请牢记，散漫的妈妈、爸爸，不安的家庭气氛，伤孩子心的话语或行为，都会成为妨碍孩子集中力的因素。

早餐一定要吃。研究结果表明，吃早餐的孩子比不吃早餐的孩子注意集中力强，学习能力也更加优秀。我们的体温，在睡觉起床后的早晨会降低1摄氏度左右，而如果体温低，大脑活动就比较迟钝。要是不吃早饭，整个上午就将一直维持低体温状态，这样大脑活动就无法活跃了。

早餐能通过供给葡萄糖提高体温，来为大脑供应充分的能量，使孩子能够积极参与到上午的课程中去。如果肚子饥饿，则会感到焦躁、不安，注意集中力下降。

父母的态度能培养孩子的集中力。在家庭中，父母在对待孩子时，如果注意以下几点，就可以提高孩子的注意集中力。

表2

序号	培养孩子集中力的生活习惯
1	经常和孩子进行目光交流与皮肤接触
2	要求孩子一次只说一件事
3	在和孩子说话的时候，正确传达内容很重要，尽可能说得简单明了，再有一点幽默感就更好
4	说话或行动要照顾孩子的水平，稍微慢一点比较好
5	灵活运用记事本、图画、色彩等视觉方面的刺激
6	指示孩子的话不要经常重复，但要检验孩子是否理解了父母的指示
7	规定孩子完成目标与游戏的时间。与其过分地限制时间或目标，不如适当安排好量与时间
8	要给孩子时间让他完成父母指示的内容，提前给孩子一些指导比较好。利用闹钟，提前告诉孩子离应该完成还剩下多少时间
9	让孩子有规律地进行一些适当的运动。还有，通过让孩子跑跑腿或做一些需要活动身体的事情，给孩子多一些锻炼身体的机会
10	对于注意集中力较弱的孩子，最好让他远离电视、娱乐、电子游戏等强烈的刺激，而多让他在户外尽情地运动和玩耍
11	带着孩子外出的时候，最好带上孩子喜欢的玩具或书
12	让孩子有充分的睡眠和休息
13	如果对无法集中注意的孩子加以训斥的话，有可能造成他心理上不安，变得更加散漫。因此，父母应该努力聆听孩子的话并温和地待他。孩子需要来自父母的微笑、温和的态度、称赞与激励的话语，以及对他积极的思考及优点表示肯定等

开发儿童潜能7大妙招

父母首先要培养自己的注意集中力。孩子就好比父母的镜子。在家庭中，父母的情绪如果比较平和，孩子的心理就会感到安定，也就能够培养起集中力。因此，父母要省察自己有没有注意力涣散的表现，培养自己的注意集中力，这样才能使家庭生活更安定。父母努力养成下面所列的生活习惯，就能够增进自己的注意集中力。

表3

序号	培养父母集中力的生活习惯
1	父母不该不安或焦急。对于那些性格急躁或者巴不得孩子快快变化心里才痛快的父母而言，尤其应该注意
2	父母应该调节自己的感情。父母突然发火，或是自己无法克制情绪，却把火发在孩子身上，这样的事如果经常发生，会造成孩子心理不安，注意力涣散
3	不要对孩子有过分的要求或一下子抱太大的期望。只要孩子表现出一点变化的模样，就应该真心感到高兴并且称赞他。不要期待一开始就完美，要把目标细化，分阶段一步一步地实现
4	找找妈妈对什么事情能集中注意也是一种方法。与其过分盯睛于孩子的问题，不如让孩子有一定程度的自律性
5	父母自身在行为、情感表现方面努力为孩子做出注意集中的好榜样
6	父母应该坚持一贯的养育态度。过分保护或干涉、过少的刺激与错误的期待都是应该避免的
7	应根据孩子的年龄或水平来决定合适的养育态度，避免父母的独裁行为。应该通过既严格又民主和自由的养育态度，使孩子培养起责任感
8	对孩子的问题，不要控制而要调节
9	不要和孩子争辩或较劲。不要担心因孩子的问题而丧失了父母的权威，也不要因为无法操纵孩子而产生挫折感

第一招
培养孩子的基础潜力

培养基础潜力的最佳育儿原则

培养像海绵一样的记忆力

孩子吸收周围刺激的能力就像海绵一样，这是因为孩子会将自己看到、听到以及经历的所有事情储存在记忆深处。而在需要的时候，将这些储存的经验与知识适当地取出并使用的能力就是记忆力。记忆力是孩子在谋求将来生活的过程中，在学习方面能左右成败的重要基础能力。

唤醒记忆的仓库——头脑

所谓记忆力，是将过去的想法、行为、经验等储存在大脑中，每当必要的时候就取出来使用的能力。如果我们没有记忆的话，就只能拥有"现在"这短短的一瞬间，过去的历史或回忆就不存在了。

从出生到死亡，人的记忆力一刻也不停息地工作着，就像图书馆一样。在图书馆里，有储存很多图书的书库，在书库里，有阅读时使用的书桌。我们可以将"长期记忆"比作有很多藏书的书库，将"活动记忆"比作读书时使用的书桌，而"短期记忆"就是那些将要整理进书库而临时放在边上的书。

长期记忆是储存很久的我们理解的信息，短期记忆是短时间储存的信息，而活动记忆则意味着灵活运用储存的信息或现在正在输入的信息。短期记忆随着时间的流逝慢慢变得模糊，因为不断有新的刺激进入大脑。也就是说，很多信息在我们短期记忆后丢失了。

因此，如果想要记忆得更长久，应该把信息储存进长期记忆库，这样在需要的时候，才能取出来为我所用。

同时，要想增强记忆力，应该将具有相同意义的事物归类整理，并按适当的线索加以排列。这样，不仅能储存很多信息，而且记忆起来也很容易。

千万别错过记忆力发展的适当时期

从孩子还在妈妈肚子里的时候开始，一直到2岁，都是记忆力飞速发展的时期。即使是刚出生的婴儿，听到妈妈的声音也会睁眼，会向有妈妈气息的方向转头，并且知道区分妈妈的乳头和橡胶奶嘴，知道母乳和奶粉的味道不一样，也能分辨经常盖的被子或枕头的触感，区分妈妈的怀抱和其他人的怀抱。这些反应是孩子记得妈妈的声音、气息和触感的证据。

孩子通过经验与学习来增强记忆力。小孩子如果对一件东西感到熟悉，就会注意别的事物；而对别的事物也熟悉之后，就会关注更多的其他事物。对孩子而言，熟悉就意味着记住了那件事物。孩子就通过这样的好奇心与关心，逐步增进自己的记忆力。

不到5岁的孩子经常要求父母把同样的书读给他们听，那是因为孩子不愿漏过书中的内容，希望把它们记住，并且希望确认自己所记忆的是否正确的缘故。孩子在确认记忆是否有误、内容是否有遗漏的过程中，就把整本书记住了。

在反复听父母说话或讲故事的过程中，孩子的记忆力增强了；在反复把积木堆成同一个模样的过程中，空间记忆的能力发展了；另外，记住玩具放在哪里，过一段时间仍然能把东西找出来，场所记忆的能力也得到了提高。

记忆力不仅在成就经验与学习方面绝对必要，而且是塑造无限可能性的原则。如果孩子对过去的经验或学习记忆能力不足的话，就会在发挥或增进自己的能力和才能方面遭遇困难。因此，在这个时期为孩子充分创造能够促进记忆力发展的环境，是培养其他所有可能性的基础。

如果记忆力不好，什么才能都无法培养

要发展孩子具有的各种潜力，绝对离不开记忆力。这是因为听、说、读、写、算等大部分基础学习活动都是依靠记忆来完成的。

随着年级的增长，知识也逐渐由易变难，必须通过结合并应用好几种知识，才能解决较难的问题。如果像记忆力这样的基础潜力没有发展好，没有掌握低年级的学习内容的话，越到高年级，就越跟不上难度更大的学习内容，学习成绩不佳也就理所当然了。有时也会遇到智力突出的孩子学习成绩较差或才能无法发挥的情况，这是由于他并未努力将学习内容纳入长期记忆，或不想努力去创造性地解决问题的缘故。

如果仔细观察人的大脑，短期记忆的功能由大脑的边缘系统承担，长期记忆则由前额叶承担。前额叶是使欲望、目的意识、问题解决能力、思考力、创造力得以增进的地方。因此，要发展长期记忆，就要多多使用前额叶，这样就能提高问题解决能力、思考力和创造力了。

记忆力要这样培养

培养注意集中力。要增强记忆力，就要培养集中力。因为只有集中注意去接收信息，才能使之更好地进入大脑并长时间存留下来。无论教给孩子多少东西，如果他不集中注意就无法记住。这也就是注意集中力与记忆力应该一起培养的原因。

开发儿童潜能7大妙招

让孩子经常接触变化的环境。经常接触的熟悉环境如果发生变化，孩子的记忆力也会受到刺激，而孩子对变化的刺激能够更好地接受并记忆。对一件事物熟悉了，孩子就将关注点转移到其他方面，接受新的刺激。在这样的过程中，孩子的记忆力快速增长。

另外，刺激越强，孩子记得越牢。对于特别的模样、颜色、声音、气味等，孩子不仅投以关注，而且在很长时间内都忘不了。不过，太快的变化或过强的刺激反而会使孩子感到不安，成为给他压力的原因。因为在尚未对变化的环境感到熟悉之前，如果又接受新的刺激，孩子会感到无所适从，心理状态有可能变得不安定。

模仿学习是培养记忆力的有用工具。孩子的语言、身体成长或行为方式，大部分是从模仿父母开始的。以模仿开始的行为在一定程度上熟练了之后，孩子就能够发挥记忆力，按自己的意志行动了。对父母的各种行为和言语的模仿学习，在增进孩子的长期记忆力方面，是非常好的工具。

让未知与已知发生关联。要让孩子记住新事物，最好要培养他将新事物与已知的事物联系起来并加以应用的能力。让孩子把对新事物的好奇心与已知的事物联系起来把握，能提高孩子的理解力与集中力，也有利于他将新事物储存在自己的长期记忆中。

预备好氛围、状态或条件。对信息的记忆并不只是储存事实或知识。身体的状态、物理环境、氛围等也会被一起储存在长期记忆中。记忆力在脑电波为α波的时候最旺盛，持续时间也很久。因此，利用脑电波为α波状态（例如听柔和音乐的时候）的时机，能够提高孩子的记忆力，而根据氛围或环境的不同，记忆的效果也不一样。

利用记忆的线索。所谓记住，就是能够取出储存的信息。要取出记忆，就要运用好在储存信息时用过的线索。不仅是储存的知识或内容，就连当时的氛围或状态等也能成为很好的记忆线索。

有时候，即使某些事物我们一时记不起来，通过回忆当时周围的环境，比如，有什么事、在什么地方、都做了些什么，突然就记起来了。这就是利用记忆的线索。如果孩子对某些事物记不太清楚，与其马上给他讲第二遍，不如先给他提供一些线索，引导他记忆，这样才比较好。

创造令人愉快的氛围。人的大脑由很多处理信息的神经细胞构成。在心情愉快的情况下，神经传达的速度变快，大脑能够同时处理大量的信息，因此集中力与记忆力就增强了。与此相反，在心情忧郁的情况下，信息传达的速度变慢，大脑在较长的时间里只能处理较少量的信息，集中力与记忆力就减弱了。孩子对自己喜欢的事物记忆得更牢，就是出于这个原因；心情不好的时候，好奇心或注意力下降，也是缘于此。因此，要提高孩子的注意集中力与记忆力，制造一个令他感到愉快的氛围很重要。

从简单到复杂，逐渐深入。刚开始的时候，孩子记忆复杂的事物很难。太复杂、太难的事物，孩子无法理解并整理，因此也就无法将有用的信息条理化并加以记忆。所以，让孩子先从简单的事物开始记忆，在适应了以后，逐渐提高复杂的程度，这样比较好。

同时运用几种感觉。进入孩子大脑的刺激，不是只通过视觉或听觉。在听声音的同时也用眼看，在用嘴说话的同时也用耳听。如果同时使用视觉、听觉、触觉、味觉、嗅觉，体验就会变得丰满，而输入大脑的刺激也就有好几个。同时运用几种感觉多制造几个线索，回忆起储存的信息就更加容易了。

创造情绪安定的氛围。孩子如果心理不安或容易冲动，也会对记忆力造成妨碍。要提取出大脑里储存的信息，需要安静整理的时间，因此父母要抑制急躁的情绪，有等待孩子的耐心。

在情绪安定的环境中，孩子能更好地接受刺激并长久地记忆；而在不安定或混乱的环境中，记忆力会显著下降。这一点父母一定要记在心上。

消除妨碍记忆的因素。妨碍记忆力的因素有好几种：心理的不安、担忧或焦虑，忧郁的情感，内心的伤痛，对自我的负面评价等，都会妨碍集中力和记忆力的发展。此外，智力迟钝的孩子记忆力也会下降。对这样的孩子需要特别的教育。要反复用具体的物品刺激孩子的五种感觉，进行多次训练。

培养基础潜力的最佳育儿原则

无论什么事，让孩子独立完成

并不是每个脑子好用的孩子学习都好，也不是每个有音乐才能的孩子都会成为音乐家。这是因为孩子要发展天生的才能，实现创造性的成就，必须具有渴望自己独立完成的动机能力与坚持到底的忍耐力。

培养坚持到底的目标执著力

所谓目标执著力，指的是将自己的能量集中于一个目标或一件事上并坚持到底的能力。学习，作为持续一生的功课，需要有要求不断训练自我的目标执著力。英才研究的先驱特敏教授强调了目标执著力的重要性，美国国立英才教育研究所的所长伦朱利博士也将目标执著力列为英才性的三大要素之一。

孩子的才能要得到发挥，一方面，怀着好奇心开始做一件事很重要；另一方面，靠着目标执著力，能坚持把事情做完更重要。与目标执著力意义近似的用语还有韧性、忍耐力、努力等。不管用哪个词，目标执著力都是孩子才能发展中必须具备的性格特性。

培养独立完成的成就动机

情商（EQ）的五种要素中包括"动机"。动机就是强烈地激励自己做出某种行为并使该行为持续下去的力量。也就是说，动机是使行为向特定方向发展，并赋予其活力的内在力量。动机使行为开始，决定行为的方向，并使行为得以持续，直到需要得到满足。

动机包括发自内心的"内在动机"和依据外部刺激与补偿而做出行为的"外在动机"。如果说做某件事情是因为它好、有意思、自己想做，这是依靠内在动机的话，那么外在动机，就意味着做某件事情，是为了得到父母的称赞或老师的奖励。

一般说来，要完成一项任务，内在动机比外在动机更为重要。因此，培养孩子独立完成的内在动机，是使孩子具备目标执著力的最实在的办法。

培养目标执著力与成就动机的具体方法

在发挥才能方面不可或缺的孩子的目标执著力与成就动机是能够培养的。为孩子创造如下环境，就能发展孩子的目标执著力与成就动机。

激发孩子的好奇心与兴趣，培养孩子的期待心。要培养孩子的目标集中力与动机，就要激发孩子的好奇心，使他希望了解该事物。这一点可以利用孩子喜欢的颜色或模样来激发他们的好奇心。使孩子对结果充满期待，也是激发好奇心与兴趣的方法。书里讲的是什么内容，难题都答对了会怎样，积木堆好了是什么样子，用剪子剪能剪成什么样子，对这些行为的结果的期待，能激发孩子的好奇心。

根据孩子的水平给予目标。如果从一开始就给孩子太难实现的目标，他的目标执著力就有可能降低。这是因为，如果孩子一开始想做好，但却怎么努力也无法成功，他就会认为自己的能力不行，于是要么放弃，要么就根本不努力了。但另一方面，重复次数太多的训练或太容易实现的目标，也会使孩子的成就动机降低，同样无助于培养孩子的目标集中力。因此，要提高孩子的成就动机，给予的目标最好既符合孩子的水平，又多少有些挑战性。

让孩子积累完成目标的经验。让孩子做一些小事，并且一旦开始做，就一定让孩子坚持到最后，把事情做完。这样，可以让孩子积累完成目标的经验，养成当天任务当天完成的习惯。而且，通过让孩子期待任务完成时的愉悦，也能使孩子产生完成目标的动力。

如果孩子每次中途放弃，父母都给予包容，孩子就无法感受到把一件事情做完的必要性。即使是小事，如果经常中途放弃，就会丧失目标执著力。孩子会不把轻易放弃当一回事，这样在遇到困难的时候，就不愿去克服，而容易放弃目标。

培养孩子的独立心与自信感。父母如果给予孩子过多的期待，或者经常干涉孩子，对其过分保护的话，很容易使孩子对父母产生过度依赖。这样的孩子什么事都希望父母代劳，自己无法完成目标也觉得没什么。如果责任感或忍耐力不足，也无法唤起孩子的目标执著力或成就动机，因此培养孩子的自立意识、责任感与自信心也是非常重要的。

给孩子温暖的鼓励与勇气。不管是谁，都有不愿意做某件事的时候，也有事情做到一半想放弃的时候，孩子就更是如此。碰到这样的情况，不要训斥孩子，而要鼓励他、给他勇气。因为，孩子如果挨骂，就更不愿意做了，这也是人之常情。父母温暖的鼓励能给孩子勇气、克服想要放弃的危机。有时，给孩子讲讲父母的经验或者伟人们攻克难关的轶事，也会对孩子有所帮助。

向孩子正确解释才能的意思。学校如果进行智力检查，不会把结果告诉孩子们。这是因为老师们担心，如果孩子知道自己智商高，会有可能变得自满而不好好学习；而如果得知自己智商低，则会变得自暴自弃。

孩子们有这么一种倾向：认为所谓智商高，就是不需要付出什么努力就能自然而然地获得成功。因此，父母应该向孩子正确说明所谓有才能、有素质到底是什么意思。也就是要告诉孩子，有才能、有素质并不意味着不付出努力也能获得成功，而是意味着付出多少努力，才能有多少收获。要让孩子知道，如果不努力，就算脑子再聪明也无济于事，这一点很重要。

孩子的基础潜力要这样培养

将孩子的潜力导向才能

孩子具有的潜力真是无限的。然而，所谓潜力，顾名思义，仅仅是潜在的能力。孩子潜藏的能力能否发展为才能，取决于基础潜力。

0～3岁，
让孩子在尽情玩的过程中积累经验

这个时期的孩子，集中力还不足，行为较为散漫，注意力集中于一样玩具的时间也很短。2岁左右的孩子，注意力集中于一件事物的时间平均为5～10分钟，然后就失去兴趣；但4岁的孩子，对自己感兴趣的游戏，注意力集中的时间能提高到约50分钟，集中力增强了许多。随着空间记忆力的发展，孩子会记得东西放在哪里并找出来。尤其是对自己有意义的或有强烈印象的事物、样子独特或色彩鲜明的事物，孩子注意力集中的时间更长，记忆得更好。

　　因为这段时期是孩子探索周围世界、集中力显著发展的时期，要让孩子按照自己的兴趣尽情地玩。不过，不要让孩子动动这个摸摸那个，而要让他专注于一种游戏，这一点很重要。

　　将孩子感兴趣的事物运用到游戏中来培养孩子的记忆力比较好。考虑孩子的趣味与集中程度，逐渐增加游戏的时间；考虑童话的长度或内容，反复给孩子讲他喜欢听的故事；难题也不要做一次就完，而应该多做几遍。

3～6岁，
拓展孩子关注与感兴趣的范围

　　这是集中力实质性增长的时期。对自己感兴趣的游戏，孩子能集中注意力一个半小时以上。此时，孩子以自我为中心进行思考和行动，但同时也有和朋友在一起的需求。因此你会看到，孩子在和伙伴一起玩的过程中，有时也会自顾自地玩耍。

　　这个时期再给孩子读书，孩子反而不如先前那样能够安静地听，而是忙着关注书外的世界。而且，同样的书如果读好几遍，孩子会感到厌烦，会要求父母给他读别的书。这并不表示孩子的集中力下降，而是由于孩子对户外活动以及周围事物的兴趣扩大了。也就是说，孩子不再只关注一件事物，而是对各种各样的事物都充满好奇，表现出追求变化、希望获得各种各样信息的需要。

　　这个时期的孩子，知识变得更加丰富，记忆力也有量的增长，但将所记忆的事物按照意义来分类或联系的能力仍然不足。由于分类能力还没有很好地发展起来，孩子的联系性不强，一次能够记忆的量也仅仅是三个语义段。然而，对发生在自己身上的事或日常生活中的情况，孩子却记得很牢，有时甚至能想起父母想不起来的事。与抽象的事物相比，孩子更能记忆具体的事实。

另外，这也是孩子想象力丰富的时期。有时，孩子会把现实中的记忆与自己想象或希望实现的事混在一起记忆。在孩子既希望融入到伙伴中去，又想自己一个人玩的时候，最好不要打扰他。但这并不意味着应该就这样听任孩子一个人一直玩下去。不管是和伙伴们一起，还是自己一个人，在孩子玩得开心的时候，父母有必要在旁边关注着他。

在和孩子一起做游戏的时候，与其过度干涉、保护或评价孩子，不如顺着孩子的性子，让他尽情地玩儿。比如，在和孩子一起做游戏的时候，与其说"妈妈来当老师"，不如问孩子"妈妈当什么好呢"；与其帮孩子把剪纸剪好贴上，不如让孩子自己独立完成，虽然动作也许不熟练，但这能培养孩子的动手能力。

与简单的游戏相比，有着丰富变化的游戏对孩子更有益。经常让孩子具体说说昨天都做了些什么，幼儿园里都发生了什么事，多给孩子发挥记忆力的机会。

满6岁以后，培养独立完成的能力

这是孩子知识与信息增长、开始对学习关注的时期。孩子们开始了学校生活，注意集中力、记忆力和目标执著力更显必要。这时期要注意培养孩子的勤勉精神。只有培养孩子勤奋刻苦的态度，孩子才会用功学习。

对科学、数学、语言等特定领域的学习活动，使孩子集中注意力的时间变长了，记忆的内容也由篇幅很短的文字变成综合各样内容的篇章。同时，随着短期记忆的量的增加，孩子根据内容分类的能力、使用符号的能力以及背诵的能力都得到了发展；提取储存信息的记忆能力也随着年龄的增长而增强，孩子也多少懂得将想象的事、实际经历的事以及梦到的事分开来记忆了。

随着学校活动与个人活动的增多，孩子自己表现出学习的愿望，父母也要这样引导。这时，如果让孩子学太多科目，反而会造成孩子注意力涣散、集中力下降。所以，最好只选择一两样，让孩子不感到疲倦，从而能一直保持兴趣并集中注意。

对这个时期的孩子来说，从一上学开始，就要培养他完成家庭作业、诚实地做完每天该做的事，这是最重要的。要让孩子养成不管做什么，只要开了头，就要坚持到底的习惯；要激发孩子独立完成的动机，培养其坚持到底的目标执著力。父母应该多给孩子关怀与激励，帮助孩子克服艰难的过程，取得最后的成功。

小贴士　　　　　　　　**对待注意力涣散的孩子，要这样做**

（1）简单布置一下房间，使之收拾起来方便。

（2）父母带头把家收拾整理好（钥匙、袜子、玩具、书桌等）。

（3）把在家应该遵守的规则写下来，贴在醒目的地方，规定好的规则就要遵守。

（4）养成如果有计划，提前告诉孩子的习惯。

（5）对孩子说话要慢慢地说，说得具体、明确。

（6）不要一次说得太多。

（7）把要记忆的事写在便条上，贴在醒目的地方。

（8）确认孩子是否已经听懂。

（9）利用闹表告诉孩子还剩下的时间。

（10）让孩子做一些像跑腿这类能活动身体的事情或者有规律的运动。

（11）一定要让孩子吃早饭，不要吃快餐或含咖啡因的食品。

（12）如果缺钙或缺维生素，孩子会变得注意力涣散，这一点要注意。

（13）刺激的电视节目或游戏要慎看。

（14）区分在家里玩时与在野外玩时必须遵守的规则。

（15）外出时，准备好孩子要用的东西（书、组合式玩具等）。

（16）让孩子有充分的休息与睡眠。

（17）使用奖罚分明的方法来调节孩子的行为。

第 二 招

培养孩子的语言才能

语言能培养孩子的好奇心与深入思考的能力

语言是所有可能性的基础

聪明的孩子有一个共同的特征：他们要么比普通孩子更早开口说话，要么更早理解句子或文章的含义。通过这一点就可以知道：语言能力是几种能力中最基本的能力。思考力、分析力、创造力乃至社交能力，都在语言中得到增进，它是培养孩子潜力发展的最重要基础。

孩子是吃着"话语"长大的

从还只会咿咿呀呀开始，孩子就在爸爸妈妈一句一句说话的过程中学习语言了。尤其是1岁以后，孩子已渐渐做好说话的准备，父母或旁人的对话，会成为孩子提高语言能力的催化剂。因此，即使孩子话说得还不好，或者听得不正确，父母也要表现出持续的关注。

孩子的语言能力，根据认知力、思考力、记忆力以及神经肌肉等的发展程度而有所不同。因此，语言才能突出，意味着上述能力较早发展起来，比别人表现得更为优秀。事实上，语言能力发展快的孩子，不仅头脑发育更快，表现得更聪明，而且在其他领域表现突出的可能性也更高。因此，说孩子是吃着"话语"长大并不为过。

一般说来，我们很容易认为单句话说得很好的孩子语言才能突出，但这种观点并不全面。"语言才能突出"，除了表现自我意思的说话能力以外，还包括理解他人说话的"语言接受能力"、阅读理解文字的"文字理解能力"以及知道周围事物名称的"词汇能力"等。

培养思考力与表现力

孩子的语言能力与思考力一起发展。所谓思考力，指的是抽象思考的能力，包含分析的、创造的思考力与对情况加以判断和决定的问题解决能力等。人的大脑在担负思考、记忆功能的同时，也通过话语或文字将所思所想表现出来，因此说语言是和思考力、表现力同时发展的。

不管有多好的想法，如果不能通过话语或文字表现出来，就无法传达给他人。要向对方表达自己的想法，需要经过充分思考整理并有条理地表达的过程，因此说，语言运用能力不仅能发展思考力，也能培养正确的判断力和表现力。尤其值得一提的是，孩子表现想法的过程，与词汇力的发展有着紧密的关系。通过让孩子多体验、多感受的感性刺激方式，孩子的词汇力将得到增强。以这样的语言能力为基础，孩子就会越来越明白该如何丰富地表现自己独特的想法了。

增强孩子的社交能力

孩子刚开始学习说话的时候，使用的都是表现自身需求或愿望的、以自我为中心的语言；然而，随着孩子对语言学习的深入，在一定程度上可以和他人进行对话的时候，就会采用表现对交流者或周围环境的好奇的语言。

语言能力出色的孩子其进行意义沟通的能力突出，很容易与朋友相处，适应力非常强，在伙伴们中间也很受欢迎，经常担任"领袖"的角色。而与此相反，语言能力不足的孩子，在人前很难开口，无法正确传达自己的意思，对交流感到不适应。这样的孩子很容易形成内向或依赖性格，有时会感到情绪低落或不稳定，表现出散漫或攻击性的行为，严重时无法融入伙伴们的圈子，被伙伴们排斥。

综上所述，语言能力对孩子的性格形成也有很大的影响。要培养一个性格好、懂得照顾关心他人、与他人关系和谐、社交能力强的孩子，增进其语言能力非常重要。

语言才能突出的孩子学习也好

语言能力突出的孩子，大部分很早就开始说话，学习语言的速度也很快。这些孩子经常问"这是什么？"这样的问题，表明他们对外部世界有着很强的好奇心。

头脑发育很快的孩子，大多数很早就与父母开始对话了。他们在聆听别人的想法、意见、表达方式的过程中，语言才能自然而然地得到提高。苏联心理学家维高斯基指出，与父母的对话会对孩子的语言发展产生决定性的影响，刺激孩子认知能力的增长。这里所说的"对话"，不是指父母单方面对孩子的语言传达，而是指在孩子与父母互相对话的过程中形成的"语言关系"。

语言能力对在校学习的孩子也有很大的影响。如果孩子的语言能力强，不管什么领域都能很快理解；在阅读包含多种内容的文章后，能够轻松地对内容进行整理和报告，或用语言加以说明。例如，要想学好数学，不仅要求会计算，还要求理解问题的语言能力和思考力。与此相反，如果孩子的语言能力不足，不仅缺乏理解学习课程的能力，而且创造力、表现力、社会交往能力等也将有所欠缺，这样就很容易在学校生活中出现问题。

尤其是在可称为"自我表现时代"的今天，语言能力正渐渐变得越发重要。在大学入学考试中，陈述占了很大的比重；在进入公司前必须通过的面试中，语言表现力也起了决定性的作用。因此说，要使孩子的学校生活顺利进行，并在社会生活中发挥出自己特有的能力，就必须培养孩子的语言能力。

和父母对话越多，成绩越好

有研究结果表明，和父母的对话会对孩子的成绩产生影响。日本的贝奈赛教育研究所以小学五年级的学生为对象，研究了成绩与对话的关系，结果发现：成绩较好的学生中，有91.6%与父母经常交流；而成绩较差的学生，与父母对话的机会就少得多。

检测孩子现有的语言才能水平

只要父母多关注孩子的话语和行为，就能较早发现孩子是否具有语言的才能。孩子倾听并能较快理解父母的话；非常喜欢听父母念书给他听，也喜欢自己看书；词汇量丰富，能使用美丽的语句，或者能很好地运用文章来表现；对音乐的节奏或旋律有愉悦的反应，这些都是语言能力突出的孩子所表现出的共同特征。

要培养孩子的语言能力，把握他现在的语言水平最为重要。让我们利用下面的清单，来检查一下自己孩子的语言才能到底处于什么水平。这些问题适用于3岁以上的孩子。

孩子语言才能检测清单

（1）较早开始说话。

（2）较早开始读书。

（3）喜欢写日记或写作文。

（4）能够很好地记住童话、童谣、童诗、历史事实、听来的故事、电视节目以及电视剧情节等内容。

（5）词汇量丰富，能根据情况选择修饰的词语。

（6）遇到不懂的话或单词马上就问或者查字典。

（7）读书的时候很忘我，不管在哪儿都读书。

（8）喜欢读报纸或杂志。

（9）喜欢和大人说话，能说相当长的时间。

（10）将超过同龄孩子水平的智力内容当作对话的主题。

（11）在发表自己的看法时，不吞吞吐吐，论点也比较明确。

（12）与朋友说话时，很注意听对方说话并能很好地理解。

（13）对于流行语，学得快，用得准。

（14）比较容易接受一种外语。

（15）有问题的时候，希望通过话语而不是行动加以解决。

（16）感性丰富而敏锐。

（17）和他人相比，对音乐节奏或旋律较有反应。

（18）想象力丰富，故事编得不错。

（19）句子表现栩栩如生，而且比普通孩子写得长。

（20）梦想将来成为诗人、作家、记者。

检测结果

符合的项目在15个以上：如果是这个水平，孩子可说是语言才能非常卓越的英才了。如果父母在孩子还很小的时候就特别留心培养其语言才能，孩子这方面的素质会得到更好的发展。只是要注意不要让孩子太过执著于语言领域，要尽可能让孩子在其他领域也获得丰富的经验。

符合的项目为10～14个：孩子的语言才能较强。父母要通过丰富的语言环境和持续的刺激帮助孩子快速增进语言才能。

符合的项目为6～9个：属于语言才能并不特别突出的普通孩

子。然而，若通过丰富的语言刺激发展的可能性还是很大的。

符合的项目在5个以下：孩子可能有语言障碍，不可听任这种情况发展。父母要通过各种检查，发现造成孩子语言障碍的原因，并通过专门机构的治疗，帮助孩子克服语言障碍。

培养语言才能的最佳育儿原则

通过对话唤醒孩子潜在的语言才能

孩子的语言能力是通过感性刺激发展起来的。感性刺激能增强孩子熟悉各种词语并表现出来的力量，使孩子的语言才能显得更加丰富。而对孩子而言，最佳的感性刺激剂不是别的，正是与父母间的对话。可以说，父母是孩子最初的语言传达者，也是最好的语言教育者。

听和说是培养语言能力的第一步

孩子学习语言的最佳时期可说是从0岁到6岁。由于这时期的孩子大部分时间都和父母在一起，因此，父母的语言习惯会成为孩子模仿的主要目标。根据这个时期父母与孩子结成的语言关系的不同，孩子的语言发展有了快慢之分。

父母能够给孩子的语言刺激有说话、念书、"词语接龙游戏"等，方式多样。看看周围的父母，虽然有些人从文字教育开始来培养孩子的语言能力，但事实上，太早开始的文字教育，孩子内心里并不接受，这样反而会对他以后正式学习文字造成障碍。这一点父母一定要牢记。

语言发展从听开始，接着会说、会读、会写。如果在听和说的能力还没有发展好的情况下就让孩子接受读和写的教育，有可能对孩子造成负担。因此，在教孩子学习文字之前，一定要确保孩子能够熟练地通过听来理解语言，通过说来表达自己的想法，这一点非常重要。

如果从孩子刚出生起，父母就不断地说话给他听，激发他多样的感觉体验，孩子的语言能力就会快速生长。在激发孩子的感觉方面，父母不停地说话或与孩子交流是最好的方法。与孩子的对话，不仅是一种语言刺激，而且有助于稳定孩子的情绪，还有为父母孩子提供相互理解的机会等诸多效果。但是要注意，如果说话没有条理，孩子有可能变得注意力涣散。

养成经常和孩子说话、念书给他听、向他提问、给他说明、和他交谈的习惯。通过这样的过程，孩子不断接受新的语言刺激，父母也就获得了发现孩子语言才能的机会。父母如果表现出真的想听孩子说话的态度，孩子也就能学习注意听对方说话的态度了。这不仅能提高孩子听的能力，还能给予孩子心理上的安定感，培养孩子的自信心与自尊心。

请用孩子可以理解的语言与其对话

父母在与孩子对话时，用孩子可以理解的语言很重要。站在父母的立场上，单方面地向孩子说话，那不叫"对话"。在与孩子对话的时候，要考虑孩子的年龄、词汇水平、语言表现、理解水平以及感兴趣的事。并且，与孩子交谈，最先应该考虑的是"孩子到底想说些什么"。

对孩子说话的时候，不要用"果果、饭饭、狗狗、猪猪"等幼儿用语，而应该使用"水果、米饭、小狗、猪"等正确的发音与表现方式，这样孩子就能通过父母的话形成对事物的正确概念，增强自己的词汇能力了。另外，最好能丰富地使用名词、形容词、副词、动词。在父母用清楚的发音说出完整句子的过程中，孩子能学习丰富的词汇与完整的句子，并培养将其运用到与他人对话中去的能力。

用孩子可以理解的语言与之对话的方法

小贴士

0～2岁阶段：在这个时期，哭闹是孩子唯一的对话手段，可以将之视为孩子开始说话前的准备阶段。如果从孩子牙牙学语开始，妈妈就作出积极的回应，有利于孩子早开口，感性也变得丰富。在孩子睡觉的时候，我们为他唱歌或是念童诗吧，这样他就有更多听的机会了。

2～3岁阶段：到24个月左右，孩子的词汇能力剧增。这时对孩子说话，应该使用丰富的表现语言，用完整的句子，清楚地反复说给孩子听。通过有意思的游戏让孩子熟悉说话也是很好的办法。在这个时期，孩子即使不明白周围人说的话是什么意思也能跟着说，因此父母应该注意养成良好的语言习惯。

3～4岁阶段：这正是孩子学习说话的时期，因此不时地会有前后文理不通或语法上错误的表现。由于这时孩子说话还不熟练，所以即使有错，父母也不要吝惜称赞与鼓励。如果孩子一说错父母就批评，孩子就会总担心犯错，变得不敢开口说话，严重时，还有可能产生说话结巴现象。如果孩子说话晚或是不愿开口，不要焦急，应该忍耐观察。不要忘了，重要的不是早开口说话，而是能将丰富的内容条理清晰地表达出来。但是，如果确实是孩子太迟还不能开口说话，最好还是请专家看看比较好。

4～6岁阶段：这时期的孩子，爱把自己想象的事情当作真事来说，或者把自己的愿望当作实际已发生的事加以描述。父母不要将孩子凭想象说出的事当作谎言而感到羞耻，而应该将其当作对话的素材。

对话要愉快，内容要丰富

　　与孩子的对话不论何时何地都可以进行。吃饭或洗澡的时候，穿衣服或穿鞋的时候，走路的时候……父母都能与孩子展开愉快的对话。不论何时何地，父母都应考虑孩子的智力水平，选择孩子能理解的对话方式，并在孩子喜爱的玩具或电视节目、他与伙伴们之间的交流、他喜欢的食品、绘画等事物中寻找多种谈话的素材。

　　在与孩子对话时，最好让孩子尽可能多地作出回应，因为反问或回应正是孩子表达自己想法或意见的证据。过去，在说话的时候如果孩子反问或回应，会被大人认为没有规矩，引起大人的不满。然而，在那种环境下长大的孩子，容易在别人面前闭口不言，采取消极的姿态，因此并不好。别忘了，自由地说出自己想法的瞬间，正是孩子思考力最为活跃的时刻。对孩子说的话，一边频频点头，一边说"对、对"表示同意；或者在对话中，插入像"那怎么办呢？那为什么呢？"这样的话，表示关心，孩子就会兴趣更高，继续说下去。

　　另外，给孩子机会与更多的人对话也很重要。说话能力强的孩子，会根据情况或对象的不同使用不同的语言。与大人对话时，会用水平较高的语言，而在伙伴们中间，则选择较容易的词语，这样的孩子属于沟通能力出色的孩子。根据不同的情况说不同的话，这项能力孩子能在与不同的人说话时自然而然地习得。不管是让孩子跑腿，让他有机会见到大人并与之交流，或是让孩子接电话，再或是让孩子把妈妈的话告诉爸爸或者外婆，许多方法都能让孩子学习根据不同的情况说不同的话。如果孩子与其他人对话的机会不多，父母可以通过假想游戏，让孩子在其中担任多种角色，这也是一个办法。

小贴士

　　让我们通过各种游戏来与孩子对话吧。这将成为孩子使用各种与情形相符的语言的好机会。如果是处于语言应用能力开始发展阶段、3～6岁的孩子，父母每天要花30分钟以上的时间来培养孩子的语言能力。通过游戏来训练孩子语言能力的例子有自演童话、玩偶游戏、电话游戏、学校游戏、医院游戏、堆积木游戏等。在与孩子一起游戏时父母不要做其他事情，应该把所有精力都放在孩子身上。

检查父母的对话方式

　　虽然孩子说话晚一点早一点不是什么大问题，但如果孩子不愿说，父母最好检查一下自己的对话方式。因为这有可能是父母没有用孩子所能理解的语言来与孩子对话所造成的结果。如果父母没有用孩子所能理解的语言与之对话，不仅孩子开口说话晚，而且孩子具有的语言潜力有可能被埋没。下面，让我们来检查一下自己的说话方式，看看我们是属于哪种类型的父母。

父母的类型检测清单

1. 是权威型父母吗
　　（1）经常使用与孩子水平不相符的很难的语言。
　　（2）说话很快。
　　（3）让孩子表达自己的意见，但结果总是按照自己的意思作决定。

（4）对孩子的提问，不是解答，而是训斥孩子为什么总问些没用的问题。

2．是不关心孩子的父母吗

（1）经常把孩子撂在一边。

（2）不管孩子说什么都不回应。

（3）对孩子关心的问题或其生活不闻不问。

（4）经常说"妈妈现在很忙，以后再说"，但却总忘记孩子的事。

3．是操之过急型父母吗

（1）"我们来读书吧！""喝牛奶吧！"总是在孩子还未提出要求之前就作出自己的决定。

（2）很早就严格要求孩子学习文字或数学。

（3）有经常确认孩子学习内容的习惯。

（4）孩子如果回应慢了就发火。

4．是语言感觉出色的父母吗

（1）说话时喜欢用由丰富词语所组成的长句。

（2）对孩子的疑问总是作出回应。

（3）很清楚孩子都喜欢什么。

（4）夫妇间也经常对话。

通过反问的方式与孩子对话

2～3岁的孩子，会变得话很多，总爱问"为什么？""这是什么？"这是孩子要求满足求知欲的表现。对孩子的提问，父母应该回答到什么程度，这要根据孩子的智力需求与能力水平来定，有时需要详细地说明，但有时只需要解释到孩子能理解的一般水平就好。但是，含含糊糊地应付，或者说"你现在还小，不知道也好"而忽视问题的态度，是绝对要不得的，因为这会压抑孩子的好奇心与想法。

对孩子的提问进行反问的对话方式，能提高孩子的讨论能力与思考能力。"原来智妍想知道呀。妈妈是这样想的……"、"你怎么认为呢？"、"为什么呢？"这样的反问，有助于拓展孩子的思考。当孩子的提问父母也不太明白，无法很快作答的时候，最好和孩子一起看书或上网，查找相关的资料。这样不仅能解决孩子的疑惑，还能让孩子学到解决问题的方法，起到一箭双雕的效果。

向孩子提问的时候，要尽量避免会引导孩子做出"是、不是"这类回答的封闭式问题，最好采用能引导孩子利用"六何原则"（指何人、何时、何地、何事、为何、如何六项条件）进行说明或表达自己意见的开放式问题。这样能给孩子信任感，让孩子感受到大人尊重他的意见，也能培养起孩子的自尊心。

小贴士

通过电视也能培养语言才能

看电视如果不过分，也能成为孩子语言发展的有益刺激。对于正处在词汇能力开始发展的2～4岁的孩子来说，看电视有助于增强词汇能力，提高语言理解力、情形理解力和语言使用能力。不过，如果一直坐在那儿，看太长时间电视的话，孩子的注意集中力、社会交往能力以及性格发展等会出现问题。

让孩子看电视或录像，最好定在1个小时左右的时间，而且要和父母一边说话一边看。除了孩子喜欢的动画片以外，也要让孩子看看自然纪录片或科学节目、少儿知识竞赛或新闻、折纸或捏泥、画画、童谣等各种各样的节目。另外，看折纸或童谣这类节目的时候，不要只是"看"，最好还要让孩子直接跟着做跟着唱。在孩子过分沉溺于电视或录像时，要让孩子暂时离开电视，为孩子提供新游戏或延长户外玩耍的时间。

培养语言才能的最佳育儿原则

培养喜爱书的孩子

　　书，能够提供新信息，培养孩子的词汇能力与文章理解能力，是孩子智力发展过程中不可或缺的重要刺激剂。在妈妈为孩子深情朗读童话书的过程中，不仅孩子的语言能力得到了增长，孩子的集中力也得到了提高，心灵也得到了滋养。

读书给孩子听，越早开始越好

　　读书给孩子听，越早开始越好。最好能像表演说唱童话那样，根据角色变换声音，生动地朗读，让孩子有身临其境的感觉。偶尔也可以发挥一点想象力，重新改编一下故事；或者在需要的时候，对故事作一些额外的说明。

　　然而，如果孩子自己能读书，妈妈就不要再一直读给他听了，因为这样会妨碍孩子独立阅读能力的发展。这时，妈妈和孩子可以轮流来，或者分角色来阅读。一起读书，可以减少孩子独自读书的负担；而读书的过程，也成为父母与孩子交流的好机会。

　　如果孩子能自己读书，妈妈就该逐渐减少读书给他听的时间，增加孩子自己读书的时间。最好能时不时地问问孩子"读书给弟弟听好不好""玩具小熊看来也想听呢""念书给妈妈听怎么样"，这样能增加孩子独自读书的乐趣。

　　在孩子还小的时候，虽然让他均衡地接触各种内容的书比较理想，但也没有必要勉强把所有领域的书都读给他听。重要的是要选择某些领域的好书让孩子读。另外也要抛弃"孩子已经好几岁了，应该读这类书"的固定观念，因为更要紧的是培养起孩子对书的兴趣。

选择符合孩子水平的书

要让孩子喜欢上读书，首先要选择符合其水平的书。孩子该读什么书，这与孩子的阅读水平和关心领域有关。有些孩子年纪虽小，却喜欢读内容复杂而有难度的书；而有些孩子虽然年纪稍大，却喜欢更为浅易的书。另外，根据关注领域的不同，阅读水平也可能有差异。因此，选择书籍时应该考虑孩子在不同领域的阅读水平。

如果孩子只阅读一个领域的书籍，则要从孩子关心的领域开始，逐渐拓宽孩子的视野。如果孩子喜欢科学书却不喜欢童话书，可以先让他读与科学相关的童话书或科学家的故事；如果情况相反，可以让他先看数学家的传记、与数学或科学有关的智力故事、科学的传说这类书籍；除童话书以外，还可以通过杂志、报纸、诗集、互联网新闻等手段，让孩子接触各种主题，这也是不错的方法。尤其是儿童报纸，更是孩子阅读的极好材料。

虽然读书是很好的事，但不宜过分强迫孩子读书，给孩子造成负担。让孩子读太难的书或强迫孩子读书，会使孩子对读书产生反感。在孩子和伙伴一起玩的时候，或者在孩子玩喜欢的游戏时，最好不要强迫孩子读书。另外，父母经常在孩子面前读书，或者将书放在很醒目的地方，会使孩子对书产生好奇。

如果只给孩子一本书，孩子可能很快就厌烦了；但如果一次给孩子太多，孩子又会因不知道该读哪一本而感到困惑。因此，一次给孩子3～5本书为宜。在圣诞节或孩子生日时，将书送给孩子作礼物，定期带孩子去图书馆或逛书店，也是使孩子喜欢上书的办法。然而，读太多书的孩子，社交能力与表现能力有可能下降。对这样的孩子，父母应该让他在读书之余，也参加一些别的游戏或活动，并时刻注意让孩子融入到伙伴们中去。

小贴士

漫画书对读书也有帮助

对很小的孩子或阅读水平偏低的孩子而言，漫画书或图画书反而更有效。尤其是能使讨厌书的孩子喜欢上书，也能让孩子较为容易地接受陌生的领域。那些孩子了解起来有些困难的内容，像社会、政治、经济、历史、神话、文学等，如果通过漫画表现出来，理解起来就容易多了，也容易激起孩子的兴趣。让孩子在阅读过漫画书后，再读一遍包含相同内容的文字书，这样比较好。

根据年龄选择好书的要领

对0～2岁的孩子来说，比读书本身更重要的是提高孩子对书的关心。最好为孩子选择封面独特的书、立体的书、带有装饰的书或摁一下会发出声音的玩具书。

2～4岁是对图画或颜色感到好奇的时期，为孩子选择自然融合明亮色彩的图画书、关于动物的童话书或动漫书比较好。最好是内容简单、句子较少、能给孩子较多实践机会的书，或表现幸福愉快的日常生活与周围趣事的书。

对4～6岁的孩子来说，有着色彩明亮的图画，同时内容又有趣的书是最适宜的。要根据孩子的水平选择包含古代故事、神话传说、科学常识、伟人传记、文化、爱与友谊、朋友关系、生活或行为规范等多种内容的书。

快速增进分析能力与创造能力的读书秘诀

如何读一本书，比读了多少本书更为重要。如果读书的速度太快，就没有充分思考内容的余地；但如果每次只读一点，内容连贯不上，则有可能造成注意力涣散。因此，最好能让孩子在一定的时间内专注地读书，充分地把握内容并加以消化。

要通过读书培养孩子的分析力与创造力，最好经常问孩子有关书里内容的问题。首先，在正式开始读一本书之前，通过书名或目录就能推测出一些内容，父母可以就这些问题向孩子提问。另外，问问孩子对书的哪些部分感兴趣，这也很有帮助。在读书的过程中，问问孩子"如果你是主人公，你会怎么做呢？"让孩子说出自己对主人公行为的见解，或预测故事的结局与内容。在孩子读完全书后，让他将自己原先说的话和书的内容相比较，再根据自己所预测的内容，试着改写书的后半部分。

另外，父母还要准备出时间，和孩子交流与书中内容相似的事情或经验。让孩子养成读完书后将感想与自己明白的道理说出来的读书习惯，这也是培养孩子的分析力、创造力、思考力的最佳办法。特别要指出的是，与孩子谈论该如何对行为进行道德判断、价值标准是什么、孩子该做什么不该做什么、根据不同的情况该如何行动等问题，非常有助于孩子把握自己的错误习惯或行为。

有些父母可能会疑惑，是不是最少要等到孩子上小学才能和他讨论书的内容呢？要摒弃这种想法。因为即使孩子还很小，也可能整理自己的思路并表达出来，所以最好还是早些为孩子预备讨论的空间。要培养孩子的语言才能，父母也一定要表现出读书的姿态，并且多留些时间与孩子对话，这一点可千万别忘了。

小贴士

让孩子喜欢上书的秘诀

（1）不要强迫孩子读书。

（2）父母经常在孩子面前读书，为孩子树立榜样。

（3）对孩子读错的部分，不要每个地方都指出来。

（4）为孩子创造平和安静的氛围，等待孩子慢慢地读书。

（5）让孩子期待：学习读书，是一件有趣又愉快的事。

（6）选择符合孩子水平的有趣的书，让孩子迫切想知道书的内容。

（7）称赞孩子读书的模样，也在别人面前夸奖自己的孩子。

（8）不要通过提问来考察孩子对书中内容的记忆和理解，因为这样会给孩子造成负担。

（9）在让孩子读的同时，也让孩子参与和书内容相关的木偶剧或绘画等其他活动。

（10）为养成孩子读书的习惯，制订长期的计划。

培养语言才能的最佳育儿原则

让孩子用文字自由地表达

在语言才能中，与头脑发展关系最密切的就是"写"了。写，既包括将特定的文字用手写出来，又包括将自己的思想用文章表现出来的写作。在教孩子写字的时候别太急，要注意考虑孩子的智力发展速度，不要让孩子感到压力；在教写作的时候，要注重培养孩子的想象力与分析力，让孩子用文字整理自己的想法并表现出来。

只有先会听会说，才有可能会写

父母的苦恼之一，就是到底从什么时候开始教孩子识字比较合适。最近，有教孩子从很早就开始认字的趋势，可见有不少心急的父母。然而，识字应在孩子已经具备了使用文字的基本能力后再开始比较好。

识字，只有在孩子具备了一定程度的听说能力及对文字的理解能力，并且手眼协调能力正常发展的情况下才可能实现。所谓手眼协调能力，指的是知道如何照着眼睛所见来写或画的能力，也就是能照着自己的愿望来运用手部肌肉的能力。文字教育或教孩子写字，在孩子身体已达到上述条件，并且自己认识到写字的必要性，表现出学习的愿望时再开始，效果是最佳的。

小贴士

增进孩子手眼协调能力的秘诀

要培养孩子手和眼睛的协调能力，就要有使手腕肌肉变得结实的操作经验，使其能握得住铅笔或彩色铅笔来写字。画画、绘制图形、信手涂鸦、穿珠子、剪东西、折纸、捏土游戏、木器活儿、使用筷子、用勺或筷子夹豆子、系鞋带、推拉箱子、扣扣子等，都是有助于培养手眼协调能力的不错活动。

让孩子将生活中的事写出来

如果在生活中寻找可写的素材，听、说、读、写就可以很自然地办到了。可以一边让孩子从简单的字开始循序渐进地学习，一边让孩子试着写关系亲密的家人或朋友的名字、写喜欢吃的食品名字、写电视节目的题目等。将孩子写的字贴在箱子或积木上，造出新的玩具，这样也很有意思。

在孩子对写有了一定程度的熟悉后，可以让孩子写儿童日记（以图画为主的日记）或写信，或把某天玩的内容写下来。不过，不要太偏重写，应该努力实行听、说、读、写相结合的语言教育。

不要忘记，要让孩子喜欢上写，父母应该多称赞孩子，这是最好的鼓励。尤其是在孩子刚开始学习写字的时候，如果父母经常批评孩子的拼写错误，孩子很容易丧失对文字的兴趣；批评孩子字写得歪歪扭扭、不够端正，也会打击孩子写字的积极性。这两点一定要注意。

让孩子通过写作，展开想象之翼

写作，有"创造性写作"和"分析性写作"之分。所谓"创造性写作"，是指将自己的想法用文字自由地表现出来；而"分析性写作"，是指以事实为根据，用文字将批评、评价、意见与主张表达出来。

对4～7岁的孩子而言，创造性写作的教育尤为必要。创造性写作，可以在童谣、童诗、生活日记、观测日记、参观日记、散文、给爸爸妈妈的信、读后感、游记等任意一种形式中出现。父母要鼓励孩子将他用童心所感受到的世界诚实地表现出来。对于孩子写完的文章，不可过多批评，或者强迫他使用技巧。在对待孩子的文章时，父母必须明白如何用孩子的眼光去看问题。

刚开始的时候，孩子对写作还不熟悉，可能会在将自己的想法整理成文字方面遇到困难。在孩子感到困难的时候，父母可从旁协助孩子整理想法；在孩子写作的基础打好了以后，再逐渐增加孩子独立完成的分量。将孩子写的文章用漂亮的框子裱起来挂在墙上，经常称赞他，这是使孩子对写作感兴趣的好办法。另外，将孩子写的文章都收集起来，编成童诗集或散文集，这样孩子会感到很满足，并对写作充满自信。

培养语言才能的最佳育儿原则

请在母语说好的情况下再开始外语教育

为了跟上世界化和信息化的步伐，很多父母希望自己的孩子学好外语。于是产生这样一种认识，孩子即使母语说不好，只要外语说得好，也是语言能力突出。然而，在充分掌握母语后再开始外语教育也不迟。因为，与何时开始外语教育相比，如何适应各种环境与刺激更为重要。

先让孩子熟悉母语

在美国生活的韩国孩子，在家里说本国语，在外边说英语，自然而然地能说两种语言。由于在生活中很自然地形成了使用两种语言的氛围，所以这些孩子虽然同时接受两种语言，也没有什么稀奇的。但是，在韩国生活的孩子，即使很早就上英语学习班，看英语电影或英文书，也因为语言环境的限制，很难同时使用英语和韩语。当然偶尔也有在外语方面表现出特殊才能的孩子。这些孩子虽没有在国外生活的经历，父母也不是外国人，却能熟练地使用外语。当然，这样的情况是凤毛麟角。

总而言之，母语说得好的孩子，其接受外语的能力也较为出色。因为，外语也是一种语言能力，也像学习母语那样，要自然地经历听、说、读、写的语言学习过程。

外语教育是越早越好吗

对于教授外语的方法，每个专家都有自己不同的意见。不过，大部分人都同意，最好是在考虑母语水平的前提下早些开始外语教育。也就是说，只有母语说好了，外语才有可能说得好。如果教一个母语还不熟练的幼儿学英语，有可能造成其情绪与认知发展上的障碍。另外，如果让一个很晚才学会说母语的孩子或智商较低的孩子学习外语，有可能造成他语言发展障碍或说话结巴的现象，要格外小心。

外语使用能力与每个孩子所具有的语言能力、智力发展、系统的学习过程、生活中的经验以及个人所付出的努力等有着密切的联系。谁都具有学习外语的能力，只是根据孩子的特性，教授孩子外语的时期与方法应该有所不同。

要有适合孩子的教育方法

外语教育，应该在考虑孩子的母语发展水平后系统进行。如果注意以下几点事项，就能发现对自己孩子最有效的外语教育方法。

第一，对外语的接受程度，因孩子的智力水平、发展速度和家庭环境的差异而有所不同，因此每个人开始的时期应该不一样。

第二，外语教育宜从语言发展与吸收能力的最佳时期——3～6岁开始。不过，在开始之前，最好要确认孩子的母语是否已能说得相当熟练。因为，如果母语学习发展缓慢的话，再教孩子外语，有可能造成语言发展障碍或心理障碍这样的问题。

第三，指导孩子学习外语，最好也遵循听—说—读—写这样的语言发展顺序。

第四，对于语言能力已较为完善的孩子而言，如果系统性地教授外语，能取得更好的效果。然而，对语言能力不佳或才能较低的孩子进行系统的外语教育，反而会给其母语发展及认知学习带来混淆，因此要慎重。尤其要注意的是，语言与思考力一起发展并相互影响，在思考力发展的时期，如果仅仅进行单词记忆这种水平的外语学习，思考力就有可能无法充分发展。

第五，在生活中学习外语是最有效的。应该在生活中为孩子创造自然接触外语的环境。父母经常使用外语，或者让孩子结识一些外国朋友，以便在日常生活中也能经常接触外语，这样比较好。

第六，正如母语要多听多说才能培养起语言能力一样，学习外语，也要在听和说上投入很多时间。

第七，如果不仅通过书、录像、电影、电脑等间接经验，也通过游戏、数学、绘画、科学、音乐、体育等活动来让孩子熟悉外语的话，不仅更有趣，而且更有效。

0～2岁孩子的语言才能要这样培养

用具体多样的方式让孩子开口

这是孩子在学爬学走过程中，培养对世界的好奇心的时期。对这个时期的孩子而言，进行多种方式的语言刺激很重要。特别值得一提的是，通过运用看、听、触摸、尝味、闻味等五种感觉的体验方式，来刺激孩子的感性经验，丰富孩子的词汇能力，是让孩子开口说话的好办法。

全身接受语言的时期

这是孩子随着五觉经验的增多，大小肌肉得到发展并产生认知力的时期。孩子开始只会啼哭或咿咿呀呀，到了1岁的时候，就能说10个像"妈妈""狗狗"这样的单词，并且如果大人向他说起家里新事物的名字时，他会表现出关心，并竖起耳朵听。孩子在咕哩咕噜地学习妈妈说话的过程中，慢慢培养起理解语言的能力。到了2岁左右，孩子已经能理解200个左右的单词了。孩子的说话水平从单字开始，到16个月左右就能使用由2~3个名词结合成的句子了。这时造出的句子还不具有整体意义，不过是把几个单词有意味地罗列在一起而已。这时的孩子希望通过罗列事物的名字来传达自己的意思，也能问像"这是什么"这类简单的问题。在呼唤其名字时，孩子会回答，并且能较好地按照父母告诉他的话去行动。

通过激发孩子的五种感觉，
和孩子进行情感交流的对话

0~2岁孩子的语言发展，以听和理解为中心。对这个时期的孩子说话时，最好能拥抱他，让他感受到身体接触，并且要面带微笑地看着他。这样，孩子就能运用五觉体验来接收并感觉妈妈的话，比单单说话的情况理解得要快。

一有机会，就要反复念单字或句子给孩子听，最好内容简单，表达方式也简单。一同使用视觉、听觉、触觉、嗅觉、味觉五种感觉的语言交感体验，能起到促进孩子语言学习和认知力发展的效果。

以孩子吃水果时可得到的语言交感体验为例。告诉孩子直接触摸水果的感觉是怎样的，说说又脆又甜又酸的苹果的味道、特征、颜色。如果每次孩子吃水果的时候都和他说这些话，他就会自然地形成语言交感。

和孩子说话的时候，要运用拟声词、有韵律的词语来刺激孩子的好奇心。"现在爸爸很快就要下班了，大门那里是不是会响起'叮咚'的铃声呀？"像这样将日常生活中的事情生动有趣地讲给孩子听，是提高孩子语言理解力的好办法。

和孩子说话的时候，要知道孩子是否理解了，就得仔细观察孩子的表情或其听到指示后的行动。另外，也可以教孩子一边说话，一边模仿些简单的手势或其他身体语言。例如，嘴里说着"爸爸早点回来呀，拜拜"的同时，也做出鞠躬、摆手的动作。

迅速培养语言才能的活动

1. 图画书——生动地读给孩子听

准备：图画大且简单、色彩柔和明亮的书。

方法：在看图画书时，使用拟声词和形象生动的词，生动地读给孩子听。如果内容较长，最好能先精简一下再念。因为这个时期的孩子能够集中注意力的时间非常短。

效果：能培养孩子对书的好奇心，学习意思沟通的基础。

2. 五觉体验游戏

准备：几种家里的物品。

方法：让孩子直接看和触摸准备好的物品，获得五觉体验。刚开始，妈妈告诉孩子是什么感觉，比较熟悉了以后，直接让孩子说出是什么感觉。

效果：通过刺激孩子的视觉、听觉、触觉、嗅觉和味觉这五种感觉，可以使孩子在直接体验并试着表达的过程中提高词汇能力。

3．我是超级模仿专家

准备：几种会发出声音的玩具或物品。

方法：（1）给孩子听说话声、钟声、铃铛声、火车声、汽车声、动物叫声，让孩子把头转向发出声音的地方或找出那样东西。

（2）如果是刚开口说话的孩子，妈妈可以让他跟着自己说话，或者学动物发出的声音。

（3）让孩子模仿妈妈的身体动作。教孩子手、胳膊、腿、脚、头等身体的名称，让孩子跟着做动作。这时如果有音乐，效果简直可以说是完美！

效果：培养孩子的听觉能力与集中力。

4．在哪里

准备：玩具或家里有的物品。

方法：让孩子记住玩具或家里所有物品的名字，再让孩子试着找出那样东西在哪里。这个游戏可以由妈妈藏，孩子来找；或者由孩子藏，妈妈来找，这样轮流进行。

效果：让孩子将事物和单词联系在一起，增强孩子的词汇能力。

2～4岁孩子的语言才能要这样培养

通过生动的表达提高孩子的词汇能力

这个时期，孩子对事物的理解与兴趣迅速增长，词汇能力有了很大的提高，也开始变得爱说话。然而，在表达自己的意思方面还不熟练，因此要求孩子能自然地进行对话还不太现实。通过平时训练孩子使用多样生动的词语来培养其表现力，能集中提高孩子的语言能力。

语言发展可能性最高的时期

如果考虑到"一半以上的语言能力都是在4岁以前发展起来的"这一点，我们可以把2～4岁这段时期称为语言发展可能性最高的时期。在这个时期里，孩子对周围事物的理解和记忆力变得丰富，词汇能力飞速增长，也能理解比较长的句子，与父母对话在一定程度上成为可能。这个时期的孩子，开始理解颜色、大小、长度、数量的概念，并且能将自己知道的事物在脑海里形成形象。例如，如果和孩子说"兔子"，孩子就会在脑子里勾画出"白毛长耳"的样子。

孩子使用语言的能力也得到了提高，从2岁以后开始，孩子就能使用简单的句子，也慢慢能使用名词、代名词造出合乎文法的句子。另外，也能变换敬语和普通动词（在韩语中，如果对方的年龄或身份较高，说话时需采用敬语，敬语主要在动词上体现出来。——译者注），说出像"请给我来点饭"和"给我来点饭"这样的句子，还能将听来的话向其他人转达。

2～4岁孩子的语言发展主题是"说话"。这时期的孩子求知欲增强，像把木块这样的事物象征地表现为汽车、火车、碗这样的假想游戏，孩子很喜欢玩。由于孩子多少会将想象混同于现实，也喜欢发挥想象力来修饰自己的话语，所以，父母最好能与孩子一起享受假想游戏这类活动所带来的快乐。

成为"爱唠叨"的父母吧

这段时期，是"听"和"说"发展最快的时期。为丰富孩子的词汇能力与表现能力，父母要在孩子说的简单句子里加入形容词、动词、副词等，变换成长句子讲给孩子听。由于该阶段孩子想问的问题特别多，父母要通过问答的方式，提高孩子的语言理解力与表现力。尤其是在对话的时候，要帮助孩子培养起仔细聆听他人说话的态度。

要增进孩子的语言能力，最好的办法就是成为"爱唠叨"的父母。每当扫除或做饭的时候，妈妈都把正在做的事情向孩子说明，这样可以提高孩子的词汇能力与表现能力。为了向孩子作具体的说明，妈妈首先应该熟悉正确的发音，并学习事物的名称与特征、单词与句子、拟声词、日常生活中必要的信息等。这时，最好也向孩子问一些有益于丰富想象力的问题。

这个时期的孩子，总是手里拿着彩色铅笔，不管什么都要画。所以要通过画画、手工制作、堆积木等活动，让孩子尽情展开想象的翅膀。另外，和孩子一起模仿动物的叫声或动物的行动，使孩子熟悉动物的特征，这也是一个好主意。

这个时期要慢慢给孩子看一些有图画和大字的书。和孩子一起看字读书，有助于孩子熟悉文字；而孩子如果认识了文字，就能够逐渐学会自己读书。和孩子一起进行书里出现的活动，能提高孩子的理解力。

这个时期的孩子，虽然多少有点犹豫，还是更希望到户外去，融入到伙伴们中间。打电话、去商店里买东西、和小伙伴们一起玩耍……这些孩子能直接体验的活动以及能活跃身心的游戏，要多让孩子参加，这是培养孩子的表现力与社交能力的好办法。

迅速培养语言才能的活动

1. 请生动地描写

方法：与孩子一同散步时，向孩子说明周围的事物，并回答孩子提出的问题。说明尽可能详细，并通过五种感觉让孩子直接体验事物。例如，在解释"花"的时候，可以让孩子闻闻花的香气，数数花瓣，说说花的颜色，用指尖或手背获得对花的触感。如果是像金达莱这样可以食用的花，还可以将其洗净，让孩子尝尝看，获得味觉的体验。

效果：通过直接体验的过程，能让孩子具体熟悉事物的名称与概念。

2．我喜欢书

准备：多种领域的书。

方法：多给孩子读各种各样的书。在与孩子交流他所喜欢内容的同时，也要帮助他接触各种各样的书并喜欢上它们。这时，妈妈最好用几种方式生动地读给孩子听。

效果：可以拓宽孩子感兴趣的范围。

3．我们来做手工吧

准备：纸匣、彩色纸、彩色铅笔、胶水、木块、胶条、碎布、玻璃纸、剪刀。

方法：让孩子用多种材料来做手工。让孩子自己决定制作什么，并全身心投入到制作过程中去。虽然由于孩子的小肌肉还未充分发育，动作显得较为笨拙，但父母要记住，重要的不是孩子完成了怎样的作品，而是孩子能够乐在其中。

效果：能培养手眼协调能力，对小肌肉的发展也有好处。

4．有趣的交谈

方法：让孩子仔细听父母或爷爷奶奶给他讲的故事，听完后，让孩子把故事再向朋友或父母转述。或者让孩子把听来的故事用图画或手工表现出来，也是个不错的主意。在孩子完成后，父母对"作品"提一些问题，与孩子进行交流。

效果：让孩子记忆听过一遍的故事并向他人转述，可以培养孩子讲述故事的能力或记忆力。

5．像是真话的假话

方法：妈妈与孩子一起想象一个故事并加以描述。从书里或者听来的故事里找出一部分内容进行改编，或者书只读一半，对剩下的内容进行猜想。像汽车这样的事物或小狗这样的动物，会成为孩子更为亲切的素材。

效果：讲述故事的经验可以培养孩子的想象力与对话能力。

6．手指玩偶游戏
准备：手指玩偶。

方法：妈妈和孩子手上都戴上手指玩偶，进行对话游戏。对话的主题随便什么都可以。如果没有玩偶，也可以在手指上画上眼睛、鼻子、嘴巴后，再进行对话游戏。

效果：用玩偶来代表其他人的角色，可以培养孩子的想象力与表现力。

7．不管什么都模仿
方法：妈妈和孩子一起玩模仿动物声音或行为的游戏。妈妈学动物的样子或行为，孩子则模仿动物的声音。也可以换着来。

效果："像我一样做，就是这样"的行动，或者"动物庄园"这样的游戏，有助于增进孩子的语言理解力与集中力，更加灵活地使用拟声词和动词。

8．镜子呀！镜子呀
准备：镜子。

方法：看着镜子和自己对话。把"镜子呀，镜子呀，世界上谁最漂亮？"的提问试着换成"镜子呀，镜子呀，世界上谁最……"的形式。还可以多样地变换提问的内容，比如爬得最慢的动物、会砰砰响的东西、黄颜色的事物等等。让孩子问过"为什么"后接着自己回答。

效果：培养孩子的好奇心，还能培养其与他人对话的方法或形成概念的能力。

9．是难过吗？不，是高兴
方法：试着与孩子对视，双方将情感表现在脸上，这样进行交谈。也可以旁边放一面镜子。一开始先是喜欢、讨厌这样的情感，逐渐也可以扩展到高兴、愉快、恐惧、悲伤、愤怒、羞愧、喜爱等情感。

效果：培养孩子正确表达自我情感的能力。

10. 假想游戏

准备：假想游戏所需的几样游戏道具。

方法：一起玩过家家游戏、医院游戏、学校游戏等。定下具体的角色，游戏进行到一定程度角色互换。为了发挥孩子的想象力和创造力，最好能具体地规定地点、时间和场景。

效果：能培养孩子理解他人的能力与社交能力。

4～6岁孩子的语言才能要这样培养

通过多样的提问和对话打开
孩子的思路

这个时期的孩子，虽然在一定程度上已能正确理解与他人对话的内容，也知道如何恰当地使用句子，但在对话中，对对方的考虑仍显不足。让我们通过多样的提问和对话拓宽孩子的思路，以此来丰富孩子的语言表现能力以及懂得为他人着想的社交能力吧！

语言理解能力加深的时期

这是孩子语言理解能力迅速增长的时期：能够使用由6～8个单词构成的完整句子，也能够理解复杂的句子结构并正确地说出来；不仅是名词或动词，冠词、副词、助词等的使用也变得更频繁，语言变得更加丰富。

虽然此时孩子能正确理解与他人对话的内容，也能使用正确的句子，但还是以自我为中心进行思考，对情况的理解能力不足，对他人的考虑不多。因此，在对话时，不是充分考虑听的人是否已经理解了自己的话，而主要是自己想说什么就说什么。

这时期的孩子开始感到和伙伴们一起玩更有意思，所以一刻也不愿自己待着。孩子的行动范围扩大，好奇心也增加了，有时会在大人说话的时候插话，说出自己的意见。孩子的兴趣变得多样，虽然注意集中力多少表现出降低的倾向，但对于自己关注的领域却表现出集中力提高的特征。

这时期孩子的语言发展主题是"阅读"。父母要培养孩子认字，能够自己读书并理解。因为只有能够自己读书了，关注领域才能扩大，也才能积累起对周围事物和现象的多样的知识。

对话能增进孩子的表现力与社交能力

在这个时期里，多样的提问和对话很有必要。父母要注意倾听，让孩子能尽情地说出想说的话。另外，最好多问孩子一些能拓宽他理性思考及创造性思考范围的问题。

孩子在这个时期里，要接受很多的事实与信息，有可能把自己想象的事情当作是听来的故事，因此要让孩子理解事实与想象之间的差异。要让孩子在说话的过程中发展起创造性运用语言的能力，不要拘泥于现实中的事情，引导孩子发挥他的想象力。这个时期，角色扮演游戏与假想游戏还是和以前一样很有帮助。

为了让孩子养成爱读书的习惯，最好要对孩子感兴趣的领域加以引导。告诉孩子如何能与伙伴们打成一片的书，或是教育孩子多为邻舍着想的童话书都不错，讲授科学知识、增加孩子的好奇心与探究能力的科学书也很好。

延长孩子在户外玩耍的时间，让孩子能够多交些朋友。因为通过与伙伴们的交流，孩子能够自然而然地练习单词或句子。尤其需要提到的是，要通过角色扮演游戏或假想游戏来培养孩子为他人着想的社会交往能力，这一点很重要。

迅速培养语言才能的活动

1．单词卡片游戏

准备：杂志、剪刀、胶带、回形针、磁铁、杆子、线。

方法：（1）从杂志或没用的书上剪下单词制成单词卡片。父母说单词或单词的意思，孩子则找出那个单词。

（2）在单词卡片上用胶带将回形针粘住，在杆子上挂一小块磁铁，在玩钓单词卡片的游戏过程中，轻松培养词汇能力。

效果：对孩子熟悉文字、提高词汇能力有帮助。

2．制作图画书和图画词典

准备：杂志或没用的书、剪刀、图画纸、胶水。

方法：（1）确定大地、天空、宇宙、大海、动物、植物、交通工具、运动竞技、季节等主题。从准备好的杂志上剪下单词与图画后，将相关的图画与单词贴在同一张白色图画纸上，装订成画册。用有颜色的纸做成书皮，画上画，在制作人姓名处写上孩子的名字。

（2）也可以不确定主题，仅仅将相关的图画与单词相联系。选择孩子喜欢的图画剪下后，在旁边写下单词即可。多制作几张，就成了图画辞典。

效果：让孩子在将图画与单词联系的过程中熟悉文字。另外，由于用手较多，还能锻炼孩子的小肌肉。

3．词语接力游戏

方法：妈妈给孩子出一个字，孩子用这个字开头组一个词。另外，还可以玩词语接龙游戏，或者说反义词或近义词的游戏。

效果：培养孩子的词汇能力。

4．发生了什么事

准备：没有文字的图画。

方法：（1）给孩子看画，让孩子思考发生了什么事，并描述出来。

（2）让孩子一边看图，一边按时间或场景的顺序加以描述。如果是按时间顺序描述，可以用"最初、然后、最后"等连词。如果是按场景的顺序，可让孩子推测画中场景的变动来编故事。

效果：培养孩子描述事情的条理性。

5．角色扮演游戏

准备：角色扮演游戏所需要的玩具。

方法：确定角色扮演游戏的主题。孩子喜欢的角色扮演游戏有过家家游戏、接打电话游戏、医院游戏、学校游戏、食品店游戏、小吃店游戏、汽车游戏、邮局游戏、办公室游戏、美容院游戏、百货商店游戏等等。让孩子扮演售货员、司机、朋友、妈妈、爸爸、老师等多种角色。

效果：角色扮演游戏，在训练孩子应对不同情况时的意思沟通能力方面，是一个很好的方法。

6．自己制作童话书和相集

准备：画画用的工具、胶水、家庭照片。

方法：让孩子听了故事以后把相关的场景画出来，在图画旁边简单地摘抄一点故事的内容，制作成一本童话书。另外，也可以将家庭照片贴在相册上，在照片旁配上文字，制成一本家庭相集。

效果：自己动手制作童话书，孩子能体验到成就感。如果孩子还不太会写字，可以孩子说，父母写；如果孩子已经会写字，要让孩子自己写。

7．唱自己写的歌

准备：童谣磁带。

方法：让孩子听电视里出现的童谣或童谣磁带，并且跟着唱。刚开始的时候先完全照着唱，慢慢自己改写歌词再唱。让孩子假想现在正在举行童谣比赛，使其能够有节奏地、生动地表现出来。

效果：在改写歌词的过程中，培养孩子用多种方式进行表达的能力。

8. 谁更长

方法：与孩子进行对话，每个人每次在对方所说句子的基础上，添加一个形容词或副词等新单词。这时前后的文意要一致，内容的衔接也要自然。

效果：这是一个通过造长句来丰富孩子语言表现力的游戏。有助于孩子熟悉新单词，培养创造性写作的能力。

9. 一起去书店

方法：带孩子去图书馆或书店，看看有那么多的书。让孩子找出自己喜欢的书，也试着练习借书与还书。

效果：让孩子亲眼确认分门别类的书，养成自己挑选书的习惯。

10. 有趣的商店招牌游戏

准备：纸张、彩色铅笔、剪刀。

方法：（1）乘车时，让孩子试着读车窗外商店招牌上的文字。车开得慢时，读得慢些；车开得快时，读得也快些。

（2）到家后，让孩子在纸上画出自己认识的"文具店、音像店、服装店、面包店"等几种商店招牌。同一种类型的商店也多表现出几种不同的样子和名称。

效果：培养孩子能够写出有趣且多样的文章的创造性。

11. 跟着电视学习

方法：电视里出现的跟我学唱歌、动物模仿、动物绘画、折纸、捏黏土、手工制作等节目，不仅仅让孩子看，还要直接跟着做。电视里看到的内容，最好尽量让孩子获得直接的经验。例如，在看过关于动物的节目后，可以直接带孩子上动物园参观，让孩子模仿动物的行动。

效果：既可以防止孩子过分沉溺于电视当中，又可以让他获得多种体验。

培养孩子写作有创意、有逻辑的文章的能力

在这个时期里，孩子系统性、逻辑性思考的能力增强，语言能力主要通过"写"来发展。孩子开始会读文章，并且能自己动手写。在这个过程中，写作有创意、有逻辑的文章的能力开始显著发展起来。这时，父母要为孩子挑选各个领域的书，和孩子一起读，一起讨论，让孩子能够接触各种各样的信息和资料。

写作能力显著发展的时期

这是孩子思考能力向着系统性和逻辑性方向发展的时期，逻辑性的思考以及与因果相关的科学思考变得可能，独立解决问题的能力也产生了。然而，孩子的思考仍然局限于具体的事物、事件或实际发生的现象。

这个时期的孩子能熟练使用语言，能选择和自己意思相符的词语，通过适当的句子形式向对方传达。这时的孩子已能明白要为他人着想，能够根据对方的年龄或语言能力恰当地变换语言表达方式，因此，和他人的意思沟通也能圆满地完成了。

对这个时期的孩子而言，应该培养的语言能力是"写"。最好经常给孩子一些写作机会，让孩子学会写作有创意的文章乃至有逻辑、条理清晰的文章。

能说也能理解复杂的句子

从幼儿期开始一直到上小学，孩子的意思沟通能力一直都在发展。因此，父母要反复训练这个时期的孩子，让他向别人说明自己对具体情况的判断。特别是可以让孩子参加学校的兴趣小组或活动，在其中担任代表或成员，学习与他人意思沟通的技术。

这个时期的孩子，开始会读文章，并且能自己动手写，写作能力开始显著发展起来。此时，父母要选择内容丰富的书籍让孩子阅读，使其接触多样的信息和资料。不仅是创作类的书，还有历史、文化、科学、神话、经济、时事等内容多样的书，都要让孩子读，不要特别偏重任何一方面。

要提高孩子写作有创意或有逻辑的文章的能力，读书后进行讨论是一个好办法。读完书后，孩子可以和父母或朋友一起讨论，交流自己的想法。从这个时期开始，不仅要让孩子多读，更要让孩子养成忠实阅读原文的精读习惯。

迅速培养语言才能的活动

1. 做做配音演员怎么样

准备：从杂志上剪下来的图、都是画没有字的童话书、录音机。

方法：（1）让孩子试着一边看图，一边编故事或对话。这样反复几次、练习充分了以后，让孩子直接念，父母来录音。

（2）一边读都是对话的书，一边录音，或者录下孩子自己编的故事。在录音的时候，不仅是孩子，父母和朋友也可以一起参与。录完以后，大家一起听，一起讨论。

效果：听到录好的自己的声音，孩子会产生好奇，进而对读书更感兴趣。家人一起参与，也能增加孩子对书的亲近感。

2. 玩"二十问猜答案"游戏

方法：在定下要提问的主题后，让孩子通过提问来接近主题。在提问的时候，如果孩子能表现出有创意的想法最好。也可以反问孩子"说说你怎么想的？""说说看为什么那样？""和那时有什么不同？""如果是你怎么做？"等问题。另外，父母用手、脚乃至全身做出某种动作，让孩子猜这是表现什么，这个游戏对孩子也很有帮助。

效果："二十问猜答案"游戏或者"这表现了什么"游戏，虽然是猜答案的游戏，但却能让孩子充分理解和思考单词、事物以及行为，因此能提高孩子的类比能力或对事物的理解能力。

3. 召开家庭会议

准备：笔记用具。

方法：全家人在一起召开会议。从简单制定晚餐食谱，到暑期上哪里度假、去了做些什么，以及生日宴会如何举办等这些与孩子相关的主题，都可以一起讨论。开始由父母主持，由父母说明家庭会议的进行方式，在孩子熟悉后，父母孩子轮流主持，将家庭会议持续进行下去。

效果：通过家庭会议，给孩子表达自己想法的机会。

4. 制作一个我自己的作品集如何

准备：孩子写的作文或画的图画。

方法：将孩子平时写的作文或画的图画收集起来，编成童谣集、童诗集、散文集、日记本等。还有，从一开始就要和孩子一起计划编作品集，再让孩子画画或写作。选择优秀的作品编成一本书，最好起个书名，再加上前言或感想。

效果：通过将作品结集的过程，使孩子获得成就感或自信心。

5. 找单词

准备：书、杂志、报纸、秒表、笔记用具。

方法：制作孩子要学的单词的目录。准备好书和杂志，让孩子

第二招
培养孩子的语言才能

在规定的页数中寻找目录里的单词并圈出来。和孩子打赌，看孩子在规定时间里能找出多少单词，能找到目录里的哪一个单词。

效果：培养孩子的注意集中力，另外，有反复学习相同单词的效果，孩子能很快熟悉单词。

第 三 招

培养孩子的数学才能

用数学唤醒孩子的头脑潜力

能够增强孩子逻辑性与
自信心的数学

难得叫人头痛的数学！有这种想法主要是出于"数学只是计算的学问"这样一种误解。然而，数学教育并不只是培养计算能力。通过数字、图形、空间等来启发心智，提高逻辑性、合理性和创造性，培养具有综合思考能力的人，这才是数学教育的应有之义。

传递生活所必需的多种智慧

如果哪个孩子能把又难又无趣的数学学好，会迎来周围人很多羡慕的目光。但实际上数学并不像我们所认为的那样，是那么难那么无趣的学问。很多人认为数学难、没有意思，最主要是因为不明白学习数学的真正理由是什么。

阿基米德定律、牛顿的万有引力法则、爱因斯坦的相对论等理论都极大地受惠于数学，可以说，从过去到现在，数学对人类历史产生了极为重大的影响。正如有些学者将数学比喻为大宇宙那样，数学中隐藏着各种秘密，有着在现实中可运用的很多智慧。我们要学习数学的真正原因也正在于此。

我们与数学一起生活，这么说并非言过其实，玩多长时间，学多长时间，去商店买东西找了多少零钱，一天读了几页书，用了几块积木，今天的气温几摄氏度……在生活中利用数学的事例不胜枚举。

如果我们不懂数学，生活将变得很混乱。不懂时间，也不懂如何使用钱，无法种庄稼，也无法获得食物。通过对数学的理解，我们能培养起寻找多种方法来解决生活中问题的能力。

通过培养逻辑性的思考能力来学习客观性

数学比其他任何领域都更需要逻辑性的思考，因为数字、数本身就是抽象的概念。在认识物体的数量、大小、长度的过程中，得以丰富自己的数学经验，从中认识规则或模型，在建立关系的过程中形成思考的基础。越是数学经验丰富的孩子，数学模型铭记在心，就越能进行有逻辑的合理思考。这样的经验能增加孩子思想的深度，使孩子具备客观的视角。

例如，孩子会比较朋友和自己的身高，看看谁的个子更高；也会认为如果站到架子上去，自己会变得更高。甚至有些孩子会思考，如果要想过一段时间比朋友还高，自己该做些什么。这正是进行逻辑性思考的过程。

增进头脑发育，提高学习能力

数学使头脑的功能均衡发展。尤其值得一提的是，数学使右脑接收现象、左脑加以表现的全脑发育成为可能，因为在熟悉数学的逻辑或功能的过程中，抽象思考能力会得到提高。为了把握问题里的要求，需要理解力；为了解答算式，需要记忆力；为了认识多位数和图形，需要空间感知能力以及转换思考的逻辑思考能力。另外，为了得到答案，还需要有努力到底的忍耐力与解决问题的能力。因此学习数学，这些能力都会得到增强。

数学和语言一起构成其他领域的基础，使所有学科得以发展，这么说并不过分。尤其是在科学、医学、技术、计算机、工学、统计学、经济学、会计学等领域中，数学更是不可或缺。因此，如果数学学得好，能提高其他科目的学习能力，也能增强对学习的自信心。

检测孩子的数学才能

怎样才能知道孩子有多少数学才能呢？按照加德纳博士的说法，逻辑、数学才能高的人，不仅抽象思考的能力突出，而且希望把握并解决问题的动机很强，对象征性事物的理解也比较深刻。另外，空间智商高的人，看待世界的视野比较开阔，视觉能力突出，均衡感或构图能力出色。

有数学才能的孩子，会把几种玩具集中在一起，按颜色分类，并将它们按顺序排成一列，试图在这过程中把握逻辑的特性。另外，对与数学相关的书或发现数学原理的数学家的故事感兴趣，这也是他们的特征之一。

数理、空间智商高的人，大体上相当独立、内向，话也不多，经常根据自己的判断来订计划、作决定并付诸行动；他们对数的感觉以及直觉把握能力出色，判断和计算很快；比较细致，也很自信。空间智商高的人，艺术感觉尤其出色，手也很灵巧。因此，在数学学得好的人当中，有些作曲也作得好，有些则在绘画或设计方面表现出优秀的才能。

利用以下的清单，看看自己孩子的数学才能达到什么程度。下列各项对3岁以上的孩子适用。

孩子数学才能的检测清单

（1）一旦开始解答问题，就想努力到解答出来为止。

（2）在日常生活中，经常思考和表达与数有关的内容。

（3）很早就发展起对于数的概念，很容易理解数的概念。

（4）很容易找出模式、规则、关联性。

（5）从很小的时候起，就爱数数和计算，喜欢学习数学。

（6）喜欢拼图或积木这样的玩具，可以玩很长时间。

（7）喜欢玩与几何学有关的玩具，而且玩得很好。

（8）去过一次的地方记得很清楚，方向感很强。

（9）对绘画、符号、图形、形象等很感兴趣。

（10）能以正确的姿势握笔，喜欢画画，并且能画得很细致。

（11）喜欢看地图，并且能很好地在地图上找出相应的位置。

（12）经常使用或很容易理解东西南北、左边右边这些与位置或方向相关的用语。

（13）好奇心或求知欲很强。

（14）对正确与错误能进行符合逻辑的分析。

（15）能对事物的长度、大小、高度、数量等加以比较和计算。

（16）与创作类童话相比，更喜欢寻找隐藏的画的游戏、迷宫游戏、百科辞典以及有小测验的书。

（17）看着平面图形会联想立体的样子，或者在头脑里想象立体图形旋转后的样子，这方面的能力很出色。

（18）记忆力与集中力很强。

（19）计算或运用数的能力熟练。

（20）希望自己将来能够成为数学家、建筑师、会计、经济学家、计算机研究专家等。

符合项目在15个以上：如果是这个程度，可称得上是数理、空间才能非常突出的英才儿童了。如果父母从孩子很小的时候开始就格外注意培养其数学才能的话，孩子这方面的素质能够得到更好的发展。

符合项目在10～14个：属于数理、空间才能较高的孩子。如果父母能够创造环境，不断给予孩子相关的刺激，就能培养孩子的数学才能。

符合项目在10个以下：虽然孩子的数理、空间才能不是特别突出，但如果父母不断为孩子创造发展才能的环境，孩子这方面的才能也能充分发展起来。因此，多给孩子一些能增进其数理、空间才能的基础性刺激是有益的。

培养数学才能的最佳育儿原则

教孩子数的概念，而不是计算的概念

说到"数学"，大部分人会认为是从算术计算或背诵九九乘法口诀开始的。然而，数学不只是计算的学问。对孩子来说，真正必要的数学教育是加深他们对数的概念的理解，培养他们进行数学思考的能力。应该通过多种游戏，来使孩子明白数的概念，培养孩子的数学思考能力。

让孩子理解数的概念

懂得怎么数数、会计算，也不能就此说孩子数学能力突出。这是因为数学能力突出，是指能够很好地理解数的概念，把握模式与规律的知识丰富，也就意味着对数敏感，逻辑性思考和解决问题的能力很强。

有些孩子从小就开始接受以计算为中心的数学，他们更容易认为只要会计算加减乘除，就可以说数学才能突出。然而，计算只是单纯的反复，还不能说是领会了数的概念。数数这样的行为无法对数理的思考产生直接的影响。因此，不能因为孩子会计算，就无条件地下结论说孩子喜欢数学、有数学才能。要解决与数学相关的问题，不是单靠计算就能行的。这既需要数学的思考、数学的知识，还需要计算的能力，来运用这些思考和知识对问题进行解答。也就是说，计算是解决问题所必须的工具。

有些孩子虽然能很好地解决数学问题，也知道解答的方法，然而在计算过程中却会出错，或者由于计算能力不足，解答不出问题。这样的孩子，虽然把握问题和解决问题的基础不错，但实际的工具还没有准备好。而相反地，也有一些孩子虽然计算非常好，但却无法理解给定的问题，无法符合逻辑地思考解决问题的方法。这样的孩子，只是简单掌握了计算工具，却不明白解决方法为何如此，为何要用这个知识来解决这个问题。要培养孩子的数学能力，这两方面都不可偏废。然而，在这里，数学的知识与思考担负了比计算能力重要得多的作用，这一点是显而易见的。

告诉孩子数学里的多种领域

很多父母认为，孩子能很好地数数，数学教育就完成了。然而，孩子懂得数数和理解数是两码事。比起让孩子机械记忆数的概念来，让孩子知道数学里多种领域，培养孩子灵活应用的能力更为重要。

在数学里，有如下多种领域。为了培养孩子的数学才能，让我们告诉孩子在各个细分领域中应该进行的活动吧！

分类。指的是找出若干事物共同的特性，并以该特性为基础，进行分离或集合。让孩子根据相同的模样、颜色、大小、种类来进行分类、配对、建立联系或集合等活动。

排列顺序。指的是在某种特定的属性中，根据相互间差异的程度，按顺序进行排列。换句话说，就是"序列化"。可以让孩子试着将形状不同的苹果根据从大到小的顺序摆放好。另外，如果和孩子一起去买东西，在排队结账的时候，前面的队伍每减少一个人，都可以和孩子一起数"我们现在排在第几位"。

数的灵活运用。让孩子按顺序数"1、2、3、4……"，或者用别的表现方式让孩子明白"一个、两个……"这样的概念。在孩子明白基本的数的概念之后，可以让孩子试着进行数量的比较，例如"3和6的大小比较"。

理解部分与整体。制造出一种将整体分割为部分的情况。例如，将一整块比萨饼分成8小块，让孩子理解整体和部分的概念。让孩子明白，1小块比萨饼是整块比萨饼的1/8。

测量。让孩子测量长度、宽度、重量、容量后比较相互间的大小，熟悉"厘米、米、千克"这样的单位。另外，小时、日、周、月、季节这样的概念也要让孩子熟悉。

空间关系与几何。所谓空间关系，意味着理解物体的形态，处理物体在周围世界中的空间感觉与形态的特性关系。例如，理解像三角形或四边形这样的基本图形，把握物体的模式或形态、位置、运动等。

空间关系与几何包含了从写字、图表读解、位置把握、手眼协调、形态与空间关系知觉、对形态的持续属性的认识、空间内位置的知觉，到视觉的辨别、记忆、投影的形态、几何学形态的理解等诸多内容。

寻找模式。所谓模式，指的是事物的形态或样式遵循一定的规律反复。在壁纸或瓷砖的纹路、格子架的花纹或被子上的传统图案中，很容易找到模式。通过这种寻找模式的过程，可以培养孩子对事物的洞察力与类推的能力。

统计。对给定的材料进行系统的整理，并对结果进行调查，这就是统计。最具有代表性的是图表，图表将多样信息有组织地记录下来，是解决问题的有用工具。

小贴士

抛弃对于数学的传统性别观念

人们通常认为，相比男人，女人更不易学好数学或者更讨厌数学，这种看法是错误的。从生物学的特征看，女人并不比男人讨厌数学或学不好数学，这是社会固有性别观念的偏见造成的误解。

针对这种误解，某教育学家专门做了研究。结果发现，小孩子在喜欢数学方面，并没有什么性别差异，相反地，对于数学父母和老师却抱有很强的固定性别观念。因此，韩国在过去出征国际奥林匹克竞赛的选手都是男学生。

从游戏开始，而不是从学习开始

让孩子学好数学的最好办法就是让他在生活中自然地接触数学，进而产生出对数学的兴趣。那我们就通过有趣的游戏和活动，来让孩子经历数学，感受数学的趣味吧！

数学教育，从什么时候开始好呢

有些孩子很讨厌数学，如果你问他原因，他可能会说因为数学很难，但也有孩子会说因为讨厌数学老师。因此，要想让孩子学好数学，谁来教、怎样教都非常重要。如果太早开始，或是硬逼着孩子学习计算，孩子很可能会对数学产生拒斥感，这一点父母一定要牢记。

开始数学教育的最佳年龄因人而异。这是由于每个孩子的成长速度不同，认知发展、性格、学习能力等都不一样。因此，考虑孩子的发展阶段，进行与之相适应的教育，这一点很重要。特别需要注意的是，对刚开始接触数学的孩子，应该通过给他讲关于数学的简单有趣的故事，使他感觉不到这是在学习。最好是在做游戏的过程中，让孩子自然地完成分类或排序等认知的学习。

对于发展较快的孩子，则应该调整进度或范围，给他更高一个阶段水平的问题，让他保持对数学的持续的兴趣。让数学才能突出的孩子以较快的进度学习，使他能不断得到挑战新事物的机会，这样做比较有效。

父母先和数学变得亲近

要想让孩子喜欢上数学，父母先要喜欢数学。如果父母都认为数学太难、太枯燥，因而讨厌数学的话，孩子也就会远离数学了。

有些父母由于自己对数学的错误认识，而传授给子女一种在数学教育方面失败的经验。"只有学好了算术，才能培养起数学能力。"父母在这样的认识下，反复让孩子学习算术，结果孩子变得讨厌数学。还有些父母，孩子每次数学题做错的时候，都用红色笔把错误的地方标出来，这样孩子不仅讨厌数学，而且会有惧怕红色的反应。

对孩子而言，与数学的初次接触非常重要。因为以何种方式接触数学，会对孩子以后对数学的兴趣产生影响。因此，父母要运用智慧，让孩子在第一次接触数学的时候能够兴趣盎然。

为与数学接近，父母要在生活中养成自然地使用数字的习惯。在对话的时候，也最好少说"差不多""大概"这类的话，多说具体的数字。例如，说明事物时说清个数、对数量进行比较、说话时加上测量单位、具体地指明小时与星期等。另外，经常使用图形与表示位置、空间等的用语，也有助于孩子理解数学的概念。如果父母经常使用像上、下、旁边、右、左、第几、三角形、四边形、五边形、内、外这样的用语，孩子就能在与父母说话的过程中，自然地熟悉位置、图形、空间等的概念。

让孩子和数学做朋友

培养孩子数学才能的最好方法是通过游戏。父母应该给孩子创造机会，让孩子在遵循游戏中的各种规则的同时，能够培养起对数的感觉，理解数的概念，并能够进行一些算术计算的练习。例如，在玩掷骰子游戏时，可以根据正六面体的骰子上出现的数字进行加或减的计算。

如果是喜欢书的孩子，读与数学有关的书给他听，这能使他愉快地接受数学。数学漫画、数学历史、数学家传、数学趣话、数学与生活、其他国家的数学发展史……与数学相关的书很多。另外，在图形或建筑里包含的数学原理，折纸中包含的角度与图形，画家、艺术家或建筑大师的故事，与足球有关的立体图形，建筑物看上去很美的原因，等等，这些也能增加孩子对数学的兴趣。

小贴士

提高数学兴趣的游戏

买卖东西的商店游戏、上车下车的公共汽车游戏、猜猜玩具保龄球会倒下几个的保龄球游戏、能让孩子熟悉分数概念的分比萨饼游戏等，都是很好的游戏。此外，下棋游戏、纸牌游戏、多米诺骨牌游戏等，也是能增加数学趣味的游戏。

培养数学才能的最佳育儿原则

思考的数学能增进孩子的才能

看到孩子能用手指数数或者会数东西，父母就有可能认为孩子的数学能力突出。然而，数数，不过是数学的一个部分而已。要培养孩子综合的数学能力，还需要思考的能力、通观整体的视角、逻辑性的运算能力等等。

培养孩子数学的思考力

　　孩子学习数学，不单是明白数字的计算，会背诵数学公式就够了，数学与随孩子成长而发展的认知有着密切的关系。孩子是在认识事物的能力与智力萌芽过程中，逐渐明确数的概念。如果考虑到孩子的这种认知发展特性，就需要培养他思考的能力，也就是数学的思考力，以便他能理解数学的各个领域。

　　说到数学的思考，不是指数字计算的能力，而是指能够理解给定问题的内容，并说明解决的办法，也就是能够给出一种证明的能力。因此，要让孩子的数学思考成为可能，应注意培养孩子的问题理解能力、语言表达能力。让孩子在解答问题的过程当中试着说明适用的规则，也是培养其数学思考能力的好办法。

　　要培养数学的思考能力，还需要"问题解决能力"。这是能够引导认识问题、寻找解决方法、得到结果全过程的能力。这需要孩子直接经验这个过程，从确认问题是什么的过程开始，思考应该用什么方法，并用所思考的方法来解决问题，直到得出结果。

　　向孩子提出问题，告诉孩子解决问题的公式，让孩子加以运用，这样做丝毫无助于培养孩子的问题解决力。另外，仅要求回答是或否的问题也没有多少价值。尤其值得一提的是，与只能用一种方法解决的问题相比，能够让孩子用多种方法进行思考的问题更有好处，因为它们不仅能培养孩子的数学思考力，还能增强其创造力和想象力。

不仅要让孩子知道正确答案，更要让孩子明白解题过程

在数学中，独立解决问题的过程很重要。与急着确认答案是否正确相比，让孩子思考如何解决给定的问题更为重要。另外，要让孩子知道，要获得问题的答案，不一定要执著于一种方法。虽然有一些问题只有一种解答方法，但大多数问题可以用很多方法来解答。在解答错误的时候，看看是怎样得出那个答案的，是不是在解答过程中出现了某种不合逻辑的跳跃，还是出现了错误的判断。这个过程比单纯修正答案有意义得多。

数学要以过程为中心，注意集中力和数学的经验最重要。因为要解决问题，需要有忍耐力或注意集中力；而要扩大数学的概念、运用数学的新概念，则需要有多种经验作基础。

数学的经验，不仅仅包括为解答问题而选择正确的方法或是修正答案的过程，有时候走弯路、计算错误或运用不正确的方法也能成为有益的经验。因为这样的经验为将来会遇到的很多问题提供了解决的方法与战略，能促进孩子思考新方法，培养他的创造性与逻辑能力。

数学要以过程为中心，千万别让孩子害怕选择错误的方法或计算错误。相反，父母应该肯定孩子的努力，并鼓励他再次挑战难题。

培养孩子对整体进行思考的能力——空间知觉力

空间知觉力在我们的思考机能中占据了非常重要的地位。测定孩子智力水平的智商检查也以语言能力和空间知觉力为中心。要是能看着地图辨认出方向，或者看着平面图形思考出立体图形，以及能迅速准确地把握建筑的形态，这就说明空间知觉力突出。

空间知觉力，通过使用右脑，使孩子的想象力和创造力得以发挥。此外，它与逻辑性的思考及在头脑中描绘事物形态的表象能力有着很深的关系。也就是说，空间知觉力出色，意味着在听故事的同时，能按照所听到的在头脑中形成图画的表象能力也出色。因此，如果发展空间知觉力，思考会变得自然，较容易形成表象化，也就能够提高逻辑的思考力。

空间知觉力与身体的小肌肉活动有着密切的关系。喜欢堆积木并且玩得好的孩子，画画画得好的孩子，手工做得好的孩子，知道玩具或东西放在哪儿对位置记忆清楚的孩子……他们中很多人的空间知觉力都很突出。

空间知觉力，经过大肌肉发育的时期，到小肌肉发育的4～6岁得以形成。头脑发出命令，使手部能进行细微动作，能将眼睛所看到的信息用手表现出来。因此，不要忽视小肌肉发育的这个时期，培养孩子空间知觉力的活动或发挥孩子想象力的活动，都是促进小肌肉发育的办法。

父母在与孩子的对话中，多使用"东、西、南、北、上、下、中间"等与空间知觉相关的用语，也就是像"从右边数第几个"、"向左走10米"、"向右走30分钟左右"这样的话。

同时，空间知觉力还有助于数学、建筑、设计、工学等领域内能力的发挥，也被有效地应用在估算、大小、位置、距离测量、距离感觉、位置感觉、方向感觉、三维立体知觉等方面。我们可以看到，很多建筑师、设计师、工程师、艺术家的空间知觉力都非常发达。

能使孩子的空间知觉力得到发展的活动

堆积木游戏、拼图游戏、制作三维立体图形、图形游戏、七巧板游戏、画画、折纸与剪纸、走迷宫、对镜自画、寻找隐藏的图、说出图形的整体与部分或左右手的差异等，这些都是能使孩子空间知觉力得到发展的活动。

培养数学才能的最佳育儿原则

让孩子在生活中接触数学

教孩子学数学，与其采取每天让孩子做很多习题的方法，不如通过生活中的小活动或小游戏，来获得更佳的教育效果。不要忘记：通过孩子喜欢的游戏或活动，让孩子自然地明白时间、距离、数量的概念，正是父母所能运用的最好的教育方法。

经常进行估算和测量

所谓估算，是指不用尺或天平这样的测量工具，而用眼或手来对数量、距离进行估计。在使用工具对长度、重量、数量等进行直接测量前，可让孩子先熟悉数的感觉。

　　3岁左右的孩子，能用眼睛判断，对事物进行比较；4~5岁的孩子，能利用手或脚等身体的一部分来估量事物的长度或数量；6岁以上的孩子，能利用尺或天平来测量长度或重量。

　　估算的活动，在生活中随处都可进行。可以估算从家走到面包房大概有多少步，大概需要多少分钟；也可以估算书桌和饭桌相比哪个更长。到底需要多少步，可以让孩子直接走一遍加以确认；书桌和饭桌的长度，则可以让孩子用手量量看到底有几掌长。接着，让孩子利用尺测量一下实际到底有几米，到底有几厘米。孩子通过将自己的估算与利用身体或工具得到的测量结果相比较，能够正确地熟悉对长度、重量、时间等的感觉。

让孩子解释图形、图画、象征符号的含义

　　在路边鳞次栉比地排列在一起的牌子上，可以不时地看到象征符号。让我们告诉孩子众多图形、图画、象征符号都想传达什么意思吧!

　　看着牌子上的图，可以知道有些图表示方向或移动的位置，有些图则表示这个地方是做什么的。如果去游乐园，会见到画着游戏器具的画与方向箭头一起出现；如果去体育馆，则可以看到表示各种运动的图。

　　孩子也能创造出象征符号来。他能用图画画出家里的东西放在哪里，也能用图画来表现在家应该遵守的规则。例如，让孩子把早起、将垃圾放入垃圾筒、整理衣服等活动画出来后，涂上漂亮的颜色，再分别贴在床边、垃圾筒以及衣柜上，不失为一个好方法。

在旅行的过程中学会看地图

旅行，在发展孩子的情绪与社交能力的同时，还能培养孩子的空间知觉力。旅行的最大优点就是能够获得多种经验，因为旅行本就是现场学习，让人直接体会原来只从书本或照片里看到的事物。

旅行的时候，多尝试几种不同的交通工具。不要只坐小轿车，最好也坐坐公共汽车、轮船、飞机等，让孩子体会到各种不同的感觉。特别是可以让孩子根据时间与距离的关系，直接比较哪种交通工具慢，哪种交通工具快。

在制订旅行计划的时候，一开始不要选择太远的地方，也不要把日程排得太满。因为如果感到旅行很累很不方便，下次就不会想去旅行了。但是，在孩子年龄大些的时候，最好也要尝试一下多少有些不那么轻松的旅行。父母为孩子把一切都收拾清楚，为孩子提供所有的帮助，这种太过安逸的旅行反而会使孩子形成依赖感，这一点父母一定要注意。

在旅行的时候，最好在孩子面前展开地图，让他直接找出所在的位置。很多孩子在坐车的时候，要么睡觉，要么玩游戏机，这会使他对与父母一同奔赴目的地时本该感受到的旅行的成就感或经验产生反感，因此需要特别的指导。

从让孩子确认"东西南北"的方向开始，看看自己是从哪里出来，现在要去的地方位置在哪里。可以和孩子打个赌，看着地图，推测利用目前的交通工具到达目的地需要多长时间，打赌谁推测得更准确，这样有助于孩子熟悉距离与时间的感觉。

让我们在旅行途中和孩子一起确认地图上出现的地形、城市、溪谷、江河、大桥等景观吧！在地图上确认现在要去的位置，这能增加旅行的趣味。特别是还可以看到实际1小时所走的距离，在地图上大概有多长。这样一边看地图一边旅行，能同时培养孩子的空间知觉力、方向感和时间感。

寻找与设计模式

所谓模式，是指事物的形状或样式按照一定的规律反复出现的形态。在我们身边，有着不可胜数的模式。从衣服上的花纹、壁纸的图案到人行道的路卡、街道信号灯的变动中，都能发现模式。

模式，不仅仅在眼睛看得到的事物中才有，在声音这样的听觉刺激中也有。另外，在"121212"、"123234345"等数字的罗列中也能找到模式。和孩子一起找找周围都有哪些模式，只要找找家里家外能见到的图形或花纹所形成的模式，或者数字所形成的模式就可以了。

如果明白了模式是什么，可以让孩子直接设计一个模式。声音模式、用身体表现的运动模式、用积木表现的形态模式、用符号表示的模式、色彩模式、数字模式等等，可以设计出很多只属于自己的模式。

如果基本的模式创造过程孩子已经大体上掌握，接下来就可以利用模式来创作作品了。可以利用模式来制作壁纸，绘制衣服的花纹，或者画一些几何图形。起初，从简单的模式规律开始，随着孩子水平的提高，逐渐发展为更加复杂的模式。

0~2岁孩子的数学才能要这样培养

通过五觉刺激让孩子感受世界

由于这个时期的孩子开始主要从形状或大小来把握事物，因此不管是什么，最好让他直接摸一摸，这样能刺激他的好奇心。让孩

培养孩子的数学才能

子通过五种感觉经验来理解并接受事物的特征。另外，这个阶段还不是考虑该教孩子什么的时候，妈妈更应该为日后教育孩子做好充分的准备工作。

孩子还不明白 "数" 是什么

这个时期，孩子还不能理解数量的概念，主要是对数数字的语言行为本身感兴趣。也就是说，虽然从1～2岁期间，孩子就可能会 "1、2、3……" 这样数数了，但对于数，孩子还没有形成正确的概念。

要到2岁的时候，孩子才能对 "多、少" 这样的量的概念形成模糊的认识。因此，在孩子数完数的时候，如果你问他："几个呀？" 他要么做出不相干的回答，要么重复数数的行为。

让孩子对数感兴趣

对于这个时期的孩子，要帮助他仔细地观察周围的事物，通过五觉经验来把握事物的属性和特征。最好多和他说说形状、颜色、材料、重量、大小等事物的特征。通过对像汽车或积木这类样子与众不同的玩具进行分类的游戏，能培养孩子对数的兴趣。

迅速培养数学才能的活动

1．有趣的数数游戏
准备：点心或糖果等孩子喜欢的零食、玩偶或玩具。

方法：（1）在吃零食或玩玩具的时候，和孩子一起数数。数的时候，如果配上节奏更有意思。

（2）在强化学习的时候，一边计算次数，一边数个数。

（3）给孩子唱有数字的歌曲，教孩子学会一起唱。唱的同时，扳着手指数"1、2、3"或用玩偶来数个数，这样会更有意思。

效果：能够自然地将数的概念与趣味植入孩子的心里。

2．把积木放进桶里

准备：空塑料桶，积木、木块、球三者选一。

方法：让孩子根据妈妈说的数字，把相应个数的木块、积木或球放进空塑料桶里。另外，给出"最大的球、最小的球"等限制条件，让孩子照着条件来做，这也是一个好方法。

效果：孩子会逐渐熟悉大小与数的概念。

3．努力把握事物的特性

准备：家里的所有东西。

方法：把家里有的东西或者孩子玩的玩具向孩子说明。形状、大小、长度、颜色、重量、功能等，都要多多向孩子说明。例如，圆形的点心、小的点心、四角的玩具等等，使用像"比……长""比……短""比……大""比……小"这样表示比较的表达方式。在孩子比较熟悉了之后，可以让孩子自己来说。

效果：通过语言让孩子接近数学，有助于数学概念的理解。

4．在哪里

准备：几样玩具。

方法：将孩子的玩具放在看不见的地方，告诉孩子藏在哪里，让孩子把它们找出来。准备好同类玩具中颜色不同、大小不同或形状不同的玩具，给孩子找出"红色的小汽车、最小的小汽车"这样具体的指示，让孩子把它们找出来。

效果：可以训练孩子将他人的指示与事物联系在一起的能力。让孩子找出种类相同但特征不同的玩具，可以培养他对事物进行分类和集合的能力。

5．厨房里的数学游戏

准备：多个大小不一的杯子、碗、勺子。

方法：准备好几个形状相同但大小不同、可以摞在一起的杯子或碗。让孩子根据杯子或碗的大小摞在一起，或者也可以按大小的顺序排成一列。让孩子将妈妈用的勺、爸爸用的勺、自己用的勺按照大小排列起来。

效果：让孩子在按顺序排列的过程中，自然地熟悉大小、顺序和序列化。

2～4岁孩子的数学才能要这样培养

同时培养数和语言的感觉

孩子学习数学的过程与学习语言的过程一样，应该从培养对事物的认知力开始。父母要通过五觉刺激，让孩子获得多种经验，能够记忆事物的特性，认识该事物与其他事物的差异。最好也运用多种游戏和方法，来激发孩子对数学的兴趣。

一点一点地明白数

孩子从开始说话、能"1、2、3"这样念数字，就开始认识具体的数的概念。到4岁左右，已经能弄清楚有规律的游戏和数的概念，一一对应和数数也都能正确完成了。虽然还不能将图形与相应名称联系在一起，但已经熟悉了圆形、三角形、四方形等图形的形状。

这个时期的孩子，总爱拿着铅笔，不管什么都想画。然而，虽然孩子想把自己把握的特征用图画表现出来，但由于小肌肉的活动还不熟练，还不能准确地摹写。孩子还不明白如何使用测量工具，到4岁左右，孩子能用眼比较事物并做出判断。需要指出的是，由于在数学能力方面个人差别很大，也有些早慧的孩子已能利用工具，进行从1～5的简单加法运算。

和孩子一起玩有趣的数学游戏或活动

这个时期，父母要通过多种游戏，培养孩子的认知力与思考力。要灵活运用图画书、教具、积木、木块等工具，来增进孩子对数的概念的理解，提高孩子数学的思考能力。让家里的所有东西都派上用场，和孩子一起玩数学游戏或活动。

多向孩子说明大小、形状、颜色等特性，或者经常以问答的方式和孩子对话。让孩子从家里的物品中找出某种图形、给玩具分类、对冰箱里的东西进行归类整理、收拾鞋子等等，在这过程中告诉孩子家里的活动和数学有着怎样的关系。另外，通过内容与数学相关的图画书，让孩子自然地熟悉概念，也是一个好办法，要和孩子一起进行书里提出的活动。让孩子用铅笔或彩色铅笔画一画家里的物品，画一画垂直线、水平线、射线、圆形、三角形、四方形都是什么样。

在孩子对数学开始感兴趣的这个时期，父母要特别注意，不要单纯教孩子数字，也不要硬生生地把数的概念灌输给孩子。稍有不慎，就有可能使孩子丧失对数学的兴趣，或形成数学很难的先入之见，这样到了正式学习数学的时期，孩子就有可能感到困难。

迅速培养数学才能的活动

1. 配对练习
准备：筷子和勺子、汤碗、饭碗等可以进行配对练习的东西。

方法：（1）在吃饭的时候，把筷子、勺子、汤碗和饭碗摆好，教孩子如何——对应。按家里的人数摆上碗筷，再数数碗筷的数量，看看人数和碗筷数是否一致，做到——对应。

（2）把盛小菜的容器和盖子——搭配好，做到——对应。

效果：通过配对练习，让孩子认识数的概念，掌握——对应。

2．数字游戏真有趣

准备：没用的电话机、挂历、剪刀、彩色铅笔、骰子。

方法：（1）父母说数字，让孩子照着数字按电话机的按键。

（2）让孩子把挂历上的数字剪下来制成数字卡片后，再画出与数字相符的画。让孩子画出相应数字的苹果、车子或小鸟就好。

（3）把有图的数字卡片或数字按顺序排好，和孩子玩游戏。将与掷骰子出现的数字或点数相同的图或数字翻过来，打赌看谁翻得多，这样会更有意思。

效果：让孩子熟悉数数，唤起对数字的兴趣。

3．边散步边数数

方法：带孩子去街上散步或者一起去超市。让孩子估算一下到目的地大概要走多少步，再边走边数，看看走到的时候实际用了多少步。

效果：在边散步边数数的游戏过程中，培养孩子对数的兴趣和感觉，学习如何估算。

4．用嘴说的数学游戏

方法：（1）将事物的特性、数字、个数、形状、大小、长度、重量等用语言表达出来。去商店买东西的时候，父母多说像"买几个冰激凌呀？""你来挑三根大黄瓜好吗？"这样能让孩子对数进行思考的话。父母说的内容应该更多样更具体一些。

（2）要孩子找书的时候，把位置正确地告诉孩子。例如，在让孩子把"大象书"拿过来的时候，要告诉他"在书柜最下面一层的左边"，或说"又大又厚有四个角的书""很沉的书"等等。

效果：通过非数字的语言表现方式，让孩子熟悉数的概念。

5．找找生活中的数吧

方法：堆积木用了几块堆成；已经有了多少辆迷你小汽车；去银行取号的时候，拿到的号和叫到的号还差多少号；在超市结账台或洗手间排队等候的时候，排在第几位⋯⋯这些都可以和孩子谈论。

效果：让孩子在生活中自然地接触数字，能提高孩子对于数的兴趣。

6．谁的东西更多？

方法：（1）吃饭的时候，让孩子比较大人和孩子吃的量的不同，同时告诉孩子量的概念，试着使用"量多、量少"这样的表达方式。另外，在喝牛奶或水的时候，一边用眼直接确认量的逐渐减少，一边向孩子说明量的减少。

（2）在分点心或糖果的时候，问孩子谁的盘子里糖果更多，让孩子数数看来确认是否正确。吃饭的时候，也让孩子比较一下谁的饭更多。

（3）在玩骰子游戏的时候或者和孩子玩堆积木的时候，告诉孩子数和量的概念。经常问问"哪个更多？""哪个更少？"这样的问题。

效果：能让孩子从视觉上确认量的概念，熟悉基本的质量概念。

7．学会收拾整理

方法：（1）制作几个玩具收拾筒，让孩子把玩具整理好。自然地启发孩子，可以按种类来分，按常用与不常用来分，还可以按大小来分。同时，最好把孩子往收拾筒里放了哪些玩具都写在纸上并贴在收拾筒上。

（2）和孩子一起收拾冰箱。和孩子确认哪一层都放了哪些东西以后，将果汁、水果、蔬菜等分门别类整理好。同时，最好把冰箱里每层都放了些什么写在纸上记录下来。

效果：能使孩子养成按照规律进行整理的习惯，清楚地形成分类与集合的概念。

第三招
培养孩子的数学才能

8. 找找三角形、圆形、四边形

准备：彩色铅笔、素描本。

方法：（1）画好圆、三角形、四边形等形状之后，让孩子灵活地把这些形状运用到图画中去。

（2）画好房子、树木、汽车以后，让孩子找出圆形、三角形、四边形，用不同颜色的彩色铅笔给它们上色。

效果：能使孩子熟悉图形。

4～6岁孩子的数学才能要这样培养

在多样的活动中让孩子理解数

这个时期的孩子，身体变得更加灵活，主要通过多样的活动来学习数学。父母要指导孩子通过日常生活中的活动或对话来接触数学、理解数学，多给孩子创造自己动手的机会。在这个时期，由于孩子已有可能接受多种领域的刺激，最好将他喜欢的领域和数学建立起联系。

数学知识显著增长的时期

这是游戏与活动变得多样、数学知识增加的时期。孩子的知识扩大到音乐、美术、体育等其他领域，尤其是空间知觉、视觉与运动的协调能力变得发达。内外、上下、前后、最前、最后、中间、间隔等位置的概念也在这时期产生了。虽然孩子已能将图形的名称与形状正确地联系在一起，但要加以应用，例如理解图形旋转而产生的立体模型，则要到6岁左右才有可能。

随着对数的概念的认识提高，孩子已能理解从1~10的数字，也能对大小进行比较了，早慧的孩子还能进行简单的加减运算。这时的孩子已能理解按照数的大小进行排列的序列化，开始明白如何排序。4~6岁的孩子，已能利用手或脚等自己身体的一部分来测量事物的长度或数量。例如，孩子会站在椅子边上证明自己比椅子更高。

让孩子在生活中经历数学

父母最好能将孩子需要知道的数学概念结合到活动中，以便孩子理解。

在生活中，通过使用筷子、捆绳子、整理玩具、穿衣服、扣扣子、梳头等活动，培养孩子的手眼协调能力和空间知觉力；通过左手和右手以及镜中的影像，来使孩子熟悉方向的感觉。此外，还可以让孩子认识浴室或壁纸上画的图形，确认家里的东西是什么形状，从而熟悉平面和立体的感觉。

在家外也可以进行数学活动。在动物园里，可以数数每种动物都有多少只；也可以根据大小或轻重给动物分类和排序；还可以对猴子类或蛇类作一个归纳，看看共有多少种猴子或多少种蛇。

迅速培养数学才能的活动

1. 堆积木游戏

准备：若干正六面体的积木。

方法：在每块积木的一面写上0~6的数字后混在一起。每人各取5块，将积木上的数字加在一起。和另一个人进行比较，可以是数字大者胜，可以是数字小者胜；可以是加起来为偶数者胜，也可以是加起来为奇数者胜。

效果：通过正式的数的游戏，让孩子熟悉数的概念和简单的加法。

2．给点心分分类吧

准备：几种点心或零食。

方法：（1）点心的大小、形状、颜色、有无巧克力等等，这些都可以作为分类标准。

（2）在吃圆形的点心或比萨饼、水果的时候，将其分为2份或4份，同时向孩子说明分数的概念。分开后再恢复成原来一整个的样子，重复这个过程。

效果：让孩子熟悉分类与分数的概念，积累分类的初步知识。

3．镜子里的我的手

准备：镜子。

方法：和孩子一起站在镜子前，一边交替举起左手右手，一边确认镜子里反射出来的样子。将5指展开后，让孩子观察镜子里反射出来的手背和手掌的形状。如果能让孩子在素描本上画下镜子里的手的样子就更好。另外，还要向孩子说明镜子外的手和镜子里的手有什么不同。

效果：能让孩子熟悉方向的感觉和反射、对称的概念。

4．有趣的模式游戏

方法：（1）利用积木或有颜色的珠子、棋子，让孩子熟悉模式的概念后，自由地使用多种模式。

（2）利用多种形状、颜色、大小不同的标签来制作模式。最初由妈妈按照一定的规则制作模式，孩子接着往下制作；也可以将模式的中间部分空出来，让孩子来填补。刚开始，可以在形状变化、色彩变化、大小变化中选择一个条件进行模式制作；在孩子充分熟悉后，可以尝试在同一个排列中实现像"形状与颜色同时变化"或"大小与颜色同时变化"这样的两种模式。

（3）在孩子熟悉模式后，可以让他在纸上画出衣服、地毯、餐桌布、帽子、围裙等的形状，利用模式来进行装饰。模式，可以用彩色铅笔将图画好并涂上颜色来制作，可以利用标签来制作，还可以通过将彩色纸剪出想要的形状，再用胶水将其贴在浅色的背景上的方式来制作。

（4）让孩子说说自己制作的模式里都有什么规则。

效果：如果孩子明白如何运用模式，就可能理解一定的规律，提高对数学概念的认识。

6岁以上孩子的数学才能要这样培养

让孩子和逻辑与数学交朋友

这时期的孩子到了入学年龄，他们对数学概念的理解拓宽了，与数相关的活动也更加多样，已经能开始正式的数学学习。

逻辑、数学思考形成的时期

这时期的孩子，已在排列、顺序、集合等多种数学领域中形成逻辑的思考，产生了时间的概念，开始能理解数和量的抽象概念，也能根据模式或系统对事物进行排列。如果告诉他"梨比苹果大，西瓜比梨大"，他就能理解"西瓜比苹果大"的逻辑。此时，孩子已能理解测量单位，并可能通过测量，按顺序进行排列；到6岁左右，就能自己利用尺子或天平来测量长度或称重量了。并且，在这个时期里，数学活动变得更加活跃，孩子已能进行类似画表格这样的数学活动了。对于图形的形状与特性的理解，也增加到5个以上，并且能够将这些照原样画下来。

进行具体且系统的数学活动

对于这个时期的孩子来说，多让他进行逻辑和数学的活动很重要。让他综合理解数、量、形态这些数学的基本结构，理解分类、比较、序列、形状、测量、时间等概念。

为了提高孩子对数学的兴趣和对知识的好奇，要和孩子玩更具体更有系统性的数学游戏。例如，通过"商店游戏"，让孩子熟悉加法和减法的运算。对于这个时期的孩子，要经常给他一些在日常生活中进行数学思考的机会，这一点很重要。

迅速培养数学才能的活动

1. 排列图形
准备：正六面体的积木5块以上。

方法：（1）刚开始的时候，用1块或2块积木来排列图形。逐渐增加块数，让孩子自己动手排列，看看用3块、4块或5块积木，分别能排列出多少种不同的图形。

（2）将积木排列成的形状画在纸上，制成图表。积木的块数越多，可排列的图形种类也越多，让孩子思考其中有什么规律并表达出来。

效果：让孩子明白同样的东西，也能排列出不同的形状。孩子在明白不同形状都有哪些规则的过程中，学会认识数字与形状的关系。

2. 观察堆好的积木每一面都是什么样子
准备：不同形状的积木若干。

方法：（1）让孩子将5块积木堆成某种形状。

（2）让孩子观察积木堆成后的形状，估计从前面、后面、上边、旁边看堆好的积木都是什么样子，并画在素描本上。画好后，观察积木每一面的样子，和自己的画进行比较。

效果：通过估计形状，培养孩子对三维立体事物的知觉力，获得估计和确认的经验。

3．我呀，是测量师

准备：家里的几件东西、卷尺或竹尺、秤。

方法：（1）让孩子量量床铺、衣柜、书等东西的长度。让孩子先估计看看大概有多少厘米，然后用竹尺或卷尺来量。比较头脑中预期的长度和实际长度之间的差距。在估计1米大概有多长之后，用尺子量出1米并直接用眼确认。

（2）让孩子走出家门，量量小汽车或自行车的长度大概是多少。量完后，让孩子将它们按照从最长到最短的顺序进行排序。

（3）称称孩子的体重和妈妈的体重并进行比较。此外，还可以称称水果或蔬菜的重量。让孩子用手掂一掂苹果或梨的重量，感受一下重量的差异。也可以观察一下1千克的土豆大概是几个。

效果：在测量重量或长度的过程中也学习如何估算数值。通过直接的测量，不仅能巩固头脑中数和量的概念，还能掌握正确的测量方法。

培养孩子的科学才能

好奇心与观察是科学的基础

孩子通过好奇心和观察来理解客观世界。对于尽情探索世界，在其中感到极大乐趣、学到很多知识的孩子来说，科学不仅是对自身卷入其中的世界与事物的一次探险经历，而且也为自己提供了明白世间万物的钥匙。

打开好奇心的钥匙——科学

"夜空的星星为什么一闪一闪的呢？"、"云是怎么形成的呢？如果爬到云上面，会不会觉得软绵绵的呢？"、"巨大的飞机怎么能在天上飞呀？"、"那条很重的船怎么能在水面上漂浮呢？"

对孩子来说，世界是好奇心的天堂，而科学正是从对世界的好奇心开始的。从好奇心旺盛的2岁开始，孩子会有很多问题要问。问题多的孩子，甚至一天能问300~400个问题。如果问题多，虽然每个都回答父母会觉得很吃力，但如果不让孩子提问，或者不诚实地回答孩子，那就剥夺了孩子获得知识的机会。

"科学（science）"一词，源自拉丁语"知识（scientia）"和"知道（scire）"。作为研究自然世界、物理世界的学问，科学能满足人的求知欲。如果孩子通过科学获得知识方面的刺激与信息，他就会对其他的新事物产生好奇。虽然在很多人的固有观念里，"科学是一门艰深复杂的学问"，但事实上，科学就在我们身边。

科学，包含了我们周围发生的所有自然现象，科学就是我们的生活本身。

培养孩子有逻辑、有创意的思考

科学使人具备思考的力量。对自然现象或原理知道得越多，求知欲就越强。正是在带着好奇心提出问题并解决问题的过程中，孩子的思考能力得到了提高。"为什么是这样？"在提出疑问后，孩子对原因和结果进行分析，并最终获知答案。在这样的过程中，孩子的逻辑思考力迅速发展。

科学技术不仅使我们的生活变得更加方便，而且引发了我们对未知世界的求知欲，进一步促进物质文明的进步。例如，在还无法登上月球的时候，人们只能对月亮作一些不着边际的想象，随着科学的发展，在实现对月球的探访后，人们不仅对月亮的好奇变得更为具体，而且对于整个宇宙，也有了更深的求知欲。如上所述，使人思考新事物的科学的能力，是培养孩子的创造力和思考力、唤醒其潜力的基础。

让孩子明白世间万物的法则

在我们周围，是否正在发生着什么事，对此的关注，正是我们认识世界的动力所在。有些科学家探索宇宙，领悟宇宙的神秘；有些科学家则揭开人体的奥秘，进而治疗疾病，延长人的寿命；还有些科学家研究保护环境的办法，防止水和空气的污染。如此看来，科学与个人、社会、人类所构成的整个世界都有关联，不应将其理解为仅仅是学问的一部分。因为科学给予我们在世上生活所必需的智慧。

要发展孩子的潜能，使其成为各领域的专门人才，就应该培养他的求知欲、科学探索能力和创造性。要知道，培养孩子的科学探索能力和创造性，不仅是为了孩子自己的未来，同时也是为社会和国家竞争力的提高培育合格的人才。

检测孩子具有的科学才能

研究动植物的自然科学家、物理和化学领域的实验科学家、研究机械或电子的机械工程师、研究宇宙与地质的地球科学家、研究人体之神秘的医学家……在他们中，有很多是科学才能突出的人。

具有科学才能的孩子，即使发现一个非常小的原理，也会感到格外兴奋。如果父母仔细观察平常孩子感兴趣的科学领域到底是什么，就能够尽早发现孩子的科学才能并加以培养。例如，孩子平时是否很仔细地观察身边的动植物，是否对自然现象很好奇并有很多疑问，是否不论什么东西都想拆开来看看并组装回去，是否对某种现象追究得特别细致，并且乐于为确认而进行实验……如果父母多加注意，就能大抵知道孩子所具有科学才能的程度和领域了。

利用如下的清单，看看自己的孩子具备何等程度的科学才能。各项检测适用3岁以上的孩子。

孩子科学才能检测清单

（1）喜爱观察以至于忘记了时间。

（2）比一般的孩子观察得更细致，并能将观察到的内容具体地表达出来。

（3）知道很多与特定事物或自然现象相关的信息。

（4）对自然现象很感兴趣，能很快把握事物的变化。

（5）乐于对事物进行比较，说出事物间的相同点和不同点。

（6）总爱问"为什么"，经常对理由或原因加以说明。

（7）对关系加以把握，经常使用"如果……就会……"这样表示预测的说法。

（8）对正确和错误，能进行合理的辨别与分析。

（9）求知欲和挑战意识很强，遇到想知道的事情，总爱刨根问底。

（10）对事物如何运作感到好奇，有很多相关的问题。

（11）求知欲很强，爱读与动植物、自然现象、宇宙等有关的书或百科辞典。

（12）希望自己将来成为科学家、动植物学家、医生、实验研究人员等。

（13）爱读与科学有关的报纸或杂志，爱看知识竞赛类的电视节目。

（14）在玩游戏的时候或日常生活中，喜欢做原先没有做过的事，并且对结果感到快乐（例如，在海带汤里放上辣椒粉后，品尝汤的味道）。

（15）很容易理解数理的概念或科学的概念。

（16）喜欢把电动玩具、收音机、手表这样的器械拆开，观察其内部结构并重新组装上。

（17）喜欢自己动手制作东西或做实验，以至于把房间弄得很乱。

（18）喜欢喂养或采集树叶、花、鸟、狗、金鱼、昆虫等动植物并进行观察。

（19）与单纯的玩具相比，孩子更爱玩放大镜、温度计、体温计、磁铁、镜子、电话机、手表这些东西。

（20）喜欢去科技展览馆、发明展、研究所这些地方。

检测结果

符合项目在15个以上： 如果是这个程度，可称得上是科学才能非常突出的英才儿童了。需要给孩子一些专门的指导，具体摸索出能发展孩子这方面素质的方法。

符合项目在10～14个：属于科学才能较高的孩子。如果父母能为孩子创造不断探索科学和进行实验的环境，就能进一步提高孩子的科学才能。

符合项目在10个以下：要培养孩子的科学才能，最好多给孩子一些基础的刺激。为他创造科学的环境，培养他即使面对很小的事，也追问原因与结果，并经常进行实验的习惯。

培养科学才能的最佳育儿原则

告诉孩子科学的各种领域

科学的领域很广，做的事也非常多样。要告诉孩子科学的各种领域和功用，让孩子对自然的法则或科学的世界能有一些更具体的感觉。这样的过程能使孩子明白，需要去探索的领域无穷无尽，有助于孩子将科学的潜力发展为才能。

从抛弃错误观念开始

某教育学家曾让幼儿园和小学里的孩子画出他们心目中科学家的样子。结果大多数人描绘出的，都是一个年纪很大的男子，戴着眼镜，在实验室里拿着烧杯或烧瓶的形象。这说明，在孩子的眼中，所谓科学，就是男人在实验室里做出新发现或新发明。

如果我们看看从事科学事业的男女比例，会发现科学才能并非男人的专利。以我们所熟知的居里夫人为代表，优秀的女科学家数不胜数，全世界有无数的女性正在科学的专门领域中充分发挥着自己的力量。父母不应被男女的性别观念所束缚，而应对孩子投以特别的关注，使他对周围世界充满好奇。

津津有味地谈论科学的各种领域

告诉孩子，科学的领域多种多样。

物理、化学、生物、地球科学等基础科学领域，主要负责研究与教育。而将所研究的结果付诸实际运用的学科，可称为"应用科学领域"。

这其中，应用科学并不是什么艰深的学问，而是与我们非常接近的实际生活。让孩子理解这一点，是使他亲近科学的秘诀。也就是说，可以告诉孩子，机械学是认识科学知识与机能关系，从事与器械或电子产品相关事业的学科；而生命科学和医药学，则基于对生命的神秘与作用的根本理解，研究如何解决疾病、老化等问题，为人类的福利作出巨大贡献。

小贴士

使孩子喜欢上科学的秘诀

（1）孩子的房间即使又脏又乱也要忍受。

（2）经常将最新的科学杂志或与科学相关的书放在孩子边上让他读。

（3）让孩子把玩具或小机器等物品拆开来进行观察，或者让他随便玩。

（4）当孩子通过观察或实验发现事实与变化时，要和他一起高兴，并且鼓励他。

第四招
培养孩子的科学才能

（5）父母首先在生活中尝试变化（例如，做一些原先没有做过的菜肴）。

（6）对孩子喂养动物、采集收集植物等事情给予积极鼓励。

（7）为孩子准备实验所必需的设备、工具、器械、模型等，让孩子尽情地实验。

（8）孩子问问题的时候，要多多忍耐，诚实地解释问题，直到孩子能够理解。

（9）有时间的时候，向孩子说明科学家所做的事情或好的、有意思的地方。

（10）喜爱生活中的科学活动。例如，每天量一量体重并加以记录；或者确认在下雨天里，头发的长度和平时有什么不同；等等。

小贴士

使孩子讨厌科学的话

（1）让孩子无法进行尝试的话——"不行，不能这样""你很难理解的"。

（2）阻止孩子关心周围环境的话——"别做没用的事""不要在这里玩""不是跟你说过不要碰这种东西了吗""不要讨人嫌，到那里玩儿去""安安静静地待在这里""老老实实地在这里玩儿"。

（3）给孩子灌输男女的性别固定观念的话——"你是女孩子嘛""你是男孩子嘛"。

（4）阻止孩子探索行动的话——"多脏呀""多乱呀"。

（5）指责孩子的错误或冒失，使孩子心理受伤的话——"看你又错了""看你又没做好""看你又把东西泼了一地""你这样可怎么办呀"。

（6）阻止孩子好奇心的话——"你不知道也无妨""你不做也没关系""就放在那儿吧""书里都有"。

（7）给孩子造成先入之见的话——"好恶心""真脏""好臭""真恐怖"。

（8）阻止孩子科学思考的话——"绝无可能""别开玩笑""你连这也不知道""哪有那样的话"。

培养科学才能的最佳育儿原则

让孩子通过体验积累科学知识

为了让孩子对科学感兴趣，应该将科学活动与科学知识自然地结合在一起。因为只有对知识加以应用，才能使科学的知识成为自己的知识，并在这个过程中产生更多的好奇心。因此，通过游戏或活动，让孩子理解概念、原理、现象等知识，这才是有价值的科学教育法。

运用五觉的观察是最好的观察

孩子通过用手摸用眼看的观察，来提高科学能力。虽然每个孩子根据自己的欲望、兴趣和必要程度，可以进行很多科学活动，但最基本的正是"观察"。科学才能突出的人，能从其他人熟视无睹的事物中得出重要的发现，或者能看见别人还未及看见的东西。这一点我们要记住。

根据孩子观察事物的不同，让孩子进行简单的或仔细的观察。观察是对现有情况的看、听、记录、分类，要尽量做到正确、有体系。如果观察的对象或事物非常精巧和复杂，就需要观察得更加细致。在观察的时候，要恰当地运用五觉（视觉、听觉、触觉、嗅觉、味觉）。因为通过五觉，可以获得新信息，理解新事物。孩子通过观察，能发现别人没有看见的东西，并为之欢欣雀跃；即使对很小的事情，也赋予其特别的意义。越是给孩子探索和观察的机会，孩子的集中力和想象力就越丰富。

　　为了培养孩子对生命的尊重或对新事物的好奇，父母应该具备开放性的思考与态度。父母如果对周围的环境不表现出习以为常的态度，而是仔细地进行观察，就能给孩子树立很好的榜样。不要忘了，只有和孩子一起观察自然，唤起孩子对生命的尊重，这样的父母才是能够有效地培养孩子的科学才能的英明的父母。

要看书，同时也要观察和体验

　　对孩子来说，科学游戏或科学活动比通过书本获得的知识更重要。应该创造恰当的科学学习环境，使孩子不停留在通过观察或书本所获得的知识，而能切身体验事物。对于观察对象，让孩子对其已知特点进行说明、描绘、再现、模仿。特别是去动物园看动物的时候，或者看见土里蠕动着的蚯蚓的时候，让孩子直接在素描本上把它们画下来，也是很好的观察学习。

　　了解所观察动物的详细信息，也能增加观察的趣味。去动物园的时候，带上动物图鉴。一边看着动物，一边直接在图鉴里找到与该动物相关的内容，这将会成为既有趣又有益的经验。在家里饲养宠物，也是近距离观察动物的好方法。另外，也可以在家里种一些豆芽、生菜、西红柿等植物，让孩子观察它们的生长过程。

　　在饲养动物或培育植物的时候，帮助孩子定下日期，或者隔两天或一周给动植物拍照，成像后，按时间顺序把照片粘贴好。如果和孩子一起整理测量和记录的资料及照片，让孩子写下观察日记，这样就能将客观的观察资料保留下来，是很好的做法。

此外，还有无数可以到户外进行的科学活动。白天可以带孩子看日出，晚上可以让孩子一边看着月亮和星星，一边思考烟波浩渺的宇宙。还可以和孩子一起到附近的山上拾一些树叶，让孩子画下树叶的样子，或者在树叶上涂上颜料，把它印在素描本上。可进行的活动可谓多种多样。

通过书、杂志、互联网获得最新的信息

书能将我们无法直接体验的若干事实向我们传达。书就像是一个智慧的宝库，通过架设一座能够接触他人所发现的资料的桥梁，使人积累起知识和信息。增进人们的科学知识，扩大人们的关注范围，这正是书的有用之处。

如果要接触与科学有关的最新信息，最好看看科学杂志或因特网。因特网的优点就是，无论何时何地，都不受时间和空间的限制，只要想查，就能很容易地获得信息。特别是照片或动态影像资料，能够起到与孩子看见实物并体验情景相同的效果，是非常有用的信息媒体。

小贴士

科学图书记录本，要这样制作

让我们整理一下孩子在这段时间里读过的科学图书吧！记录下书的名字、作者、页数、读的日期、一起进行的活动等等。每当读过的书的数目增加，孩子就会体会到成就感。这时，如果记录下同时进行的实验活动或探索活动就更好了。活动可以在书

读到一半的时候进行，也可以在全部读完以后进行。重要的是，不要局限于书里的知识，而要通过实际的科学探索活动，指导孩子获得知识。

培养科学才能的最佳育儿原则

教孩子科学的方法

在科学里，并没有特定的问题和正确答案。是喜爱科学的人自己制造出问题，并为解决问题寻找适当的方法。所谓科学的方法，就是由好奇心出发并通过探索，自己找出问题的解决途径，它为培养孩子的创造性、科学思考力奠定了重要的基础。

刺激好奇心

"刺激好奇心，引发好奇心"，这就是科学的开端。孩子的好奇心，经常是从不经意的地方开始。即使对大人习以为常的事物，孩子也有无穷无尽的好奇，希望去了解它们。对这些他们想弄明白的事物，孩子试图寻找答案，为此付诸行动，并最终有所发现。

在为培养科学才能而激发孩子的好奇心这方面，父母应该注意的是，要让孩子最大限度地保持好奇心，直到他自己将问题解决。因为如果父母只是单方面地将知识灌输给他，有可能使孩子养成不加质疑地被动接受外来知识的习惯。

好奇心很强的孩子，其特征之一就是喜欢到处跑来跑去，对周围什么东西都不放过。虽然由于这个特征，很多孩子被认为行为散漫，但其实这样的孩子很有可能有着较高的科学才能。父母不应把孩子具有科学好奇心的情形和行为散漫的情形混为一谈。并且在仔细问过孩子想做什么之后，应该尽可能地为孩子创造能够达成目标的环境。

增进孩子好奇心的家庭环境

小贴士

在问过孩子想知道什么之后，为孩子创造能自由自在活动的环境。例如，将一些即使损害也无妨的旧东西或不危险的东西放在孩子的手容易够得着的地方，让孩子随意使用。那些由孩子不能碰的东西装饰起来的、整理得过分干净的房间，反而对孩子没好处。因为对于好奇心很强的孩子来说，如果条条框框太多，无法满足自己的好奇心的话，就有可能变得行为散漫。

培养预测的能力

在和孩子谈论科学话题的时候，最好从孩子已知的内容或感兴趣的领域开始。先要仔细听孩子说话，并问孩子对这些内容已经了解了多少，以此把握孩子的理解程度和水平。

向孩子提问，要从一般的问题开始，逐渐过渡到具体的问题。恰当的提问能培养孩子对新事物进行思考的能力。大多数的父母，主要是就科学知识问子女一些只需简单回答的问题，但与这类问题相比，能启发孩子思考的开放性问题更有裨益。例如，可以确认孩子理解到什么程度，或对给出的问题是什么进行分析，以及如何将已知的知识应用到其他地方，如何综合各种信息得出结论，这些都是能促进孩子深入思考的问题。有时，孩子也会问出一些出人意料的问题。在这种情况下，可以让孩子自己预测一下结果或答案，同时和孩子一起查找资料，这样会有很大帮助。

在预测的时候，不要让孩子只预测一种情况，要让他预测多种情形并明白其间的差异；当结果与预测不相吻合的时候，让孩子思考其原因并加以确认。通过这样的过程，让孩子自己发现答案。虽然有时也会走一些弯路，但通过预测，孩子培养起科学思考的能力，视野也变得更加开阔，能够进行积极而又有逻辑的思考。

和孩子一起做实验

在培养科学才能方面，实验是绝不可忽略的。实验，作为孩子通过亲身经验来寻找答案的过程，能让孩子对预测的结果进行确认。制造肥皂泡或溶解糖或盐这样的实验，能满足孩子的好奇心，让孩子对自己想弄明白的问题加以确认，并且随时随地都可进行。以下是为培养孩子的科学才能而准备的分阶段实验方法。

第一，告诉孩子为什么要做实验。告诉孩子为什么要做实验，以及实验都需要准备些什么。与其直接告诉孩子实验的结果，不如向孩子提问，让他预测会出现什么样的结果。当孩子再问"到底会怎样呢？"的时候，给孩子一些线索或暗示，再让他预测结果，这样可以培养孩子独立思考的能力。

第二，在进行实验之前先制订计划。制订计划的原因是为了让实验能够顺利完成。由于不合逻辑的、不正确的实验，会得出错误的结果，这样就会歪曲科学的事实，因此要制订完备的计划，保证实验过程的系统性。告诉孩子需要什么材料，要经历怎样的过程等等。

第三，让孩子主导实验。如果实验没有什么危险，最好让孩子直接主导实验，父母在一边看着就行。当孩子自行主导实验的时候，会表现得更为积极。如果是危险的实验或实验工具操作起来比较困难的时候，父母一定要帮助孩子。

第四，实验要多做几遍。根据材料的不同，或者根据分量的不同，实验的结果必然有所不同。即使是相同的实验，也要让孩子放入不同的材料或不同的分量，把实验多做几遍。

第五，观察结果，确认结果与预测有什么差异。试着预测实验结果所能得出的科学事实，让孩子将该事实与自己实验得出的结果联系起来进行思考；此外，还要让孩子深入思考原因和结果之间的关系。这样的过程，能提高孩子的科学思考能力。

第六，让孩子将实验结果画下来或者记录下来。让孩子将想知道的问题、已经确认的结果、已了解到的方面等用文字或图画记录下来。在对从制订计划到得出结果的实验全过程进行整理的同时，孩子又会产生其他的好奇心和疑问。

结论的表达也要有创意

在所有的实验活动都已结束、就要得出结论的时候，还要仔细考虑该如何对结论进行表达。所谓得出结论，就是对通过提出问题、搜集资料、进行实验的过程所得到的结果进行综合并加以表达。如何对实验结果进行表达，这里面大有学问。

可以采用访谈加录音的形式，也可以制作图表或招贴画，还可以编成作品集，等等。但不论是哪种形式，想要表达的内容都应该最为突出，还要符合孩子的水平和趣味。并且，即使表达方式很多样，结论也一定要包含合乎逻辑的科学知识。

帮助孩子培养起科学的态度

要培养科学才能，除了进行实验或亲身经历之外，还要具备平时对自然现象或事物感到好奇或关注的科学态度。还需要有忍耐力、主动性、细致的注意力、创造性的态度、批判性的态度、开放的姿态、对失败给予包容和肯定的态度、客观的态度等等。

敢于质疑人们想当然的事情，能提出新的想法，勇于挑战，并且乐在其中——培养孩子的这种科学态度非常重要。另外，要让孩子学会分辨怎样的意见或想法才合乎逻辑，养成思考现实性和有用性的习惯。

教育孩子不拘泥于固定观念，能够进行自由的思考；培养孩子一旦开始做某件事，就要坚持到底将它完成的意志，这些也是在培养科学态度方面不可或缺的因素。有些孩子一旦题目不会做就撒气儿，撂挑子不干，或者让父母代替他做；对于这样的孩子，父母应该培养他克服困难的韧性与忍耐力、目标执著力等科学的态度。

特别应该提到的是，科学实验并非一次就可完成。有的时候需要经过多次的摸索，才能得出正确的结果；有的时候则像培育植物或饲养动物那样，需要长时间持续的过程。为了得到结果或有所发现，不仅需要投入很多的时间和努力，还要抛弃想要很快得出结果的急躁心态。这些事实，也要让孩子自己明白。

另外，还需要有善于听取他人意见的开放姿态和客观态度。当然，有时也需要坚持自己的立场和主张。但要让孩子知道，认为只有自己才对，只有自己的想法才正确，这是一种不成熟的态度。这是因为，不承认自己错误、不接受别人意见的态度，在培养科学才能方面，只会起到妨碍的作用。

培养科学才能的最佳育儿原则

让孩子在生活中尽情地享受科学

平时，我们要和孩子一起，在享受实验或科学游戏的过程中，从日常生活中感受科学。生活中的科学活动，就像游戏一样，接触起来很自然，能给孩子带来愉悦和智力的满足感。那就让我们通过科学活动，来解开孩子想知道的谜题，使孩子感受到智力的挑战和成就感吧！

增加孩子获得直接经验的机会

家是孩子主要的活动空间，家里的很多条件都有助于培养孩子的科学才能。家里的每一件事物都可以成为孩子的观察对象、研究对象、实验对象。尤其是厨房和浴室，对孩子来说是最好的科学游乐场。孩子们通过在家里进行的游戏与活动，能提高观察、分类、把握变化的科学探索能力。

参观博物馆、水族馆、植物园等场所，对培养科学能力很有效。例如，和父母一起在家庭农场里培育蔬菜的经历，不仅能让孩子接触自然，还能激起孩子对科学的兴趣。如果有刨土豆或地瓜这样的事，或者摘栗子或葡萄这样不寻常的活动，要和孩子一起参加。对于原先只在书里看到的土豆和地瓜，以及像葡萄这样的水果，孩子在亲自挖掘或采摘的过程中，还可以通过触摸果树或土豆的茎，获得科学的体验。

和孩子一起去参观博物馆或水族馆等场所的时候，应该对要去的地方提前作些了解：到那个地方去看什么，都有什么人在做什么事，参观的地方是关于什么的，等等，这些问题如果提前弄明白的话，能提高参观的效果。

和孩子一起玩能激起好奇心的对话游戏

要培养孩子的科学才能，除了进行实验和科学活动以外，最好还要经常和孩子展开一些能激起他好奇心的对话。并且，为给孩子创造探索周围事物的机会，要多带他走几个地方，使他能多积累一些实际的经验。

和孩子玩能激起他好奇心的对话游戏，和他一起解决生活中遇到的小问题，通过相互问答的过程，父母和孩子还能建立起更亲密的关系。特别应该提到的是，在与孩子对话的过程中，父母应该起到的重要作用之一，就是帮助孩子形成科学的价值观。父母要将自信心与挑战意识植入孩子心里，鼓励他的科学行为，让他不惧怕失败。

小贴士　**和孩子一起玩能激起他好奇心的对话游戏**

"香蕉皮为什么变黑了？""苹果切开后颜色为什么会变？""糖加热会熔化，盐为什么不会？""为什么螃蟹煮了以后壳会变成红色？""泡菜为什么会酸？""海水为什么看起来是蓝色？""橡皮擦怎么能将铅笔写的字擦去呢？""微波炉没有火，怎么能热菜呢？""汽水摇一摇，为什么会溢出来呢？""鸡蛋煮了以后为什么会变硬？""星星和月亮为什么白天就不见了呢？"……通过这样的提问，和孩子展开对话。

给孩子讲科学家童年的故事

作为培养孩子科学才能的方法之一，给孩子讲科学家童年的故事，也能起到一定的帮助作用。通过科学家的传记或经验谈，让孩子有机会思考科学家是如何满足自己的好奇心的。

如果考察世界级科学家的童年生活，可以发现有些人直接受到父母的影响，有些人受到优秀的导师的影响，还有些人受到书的影响。大多数科学家都在能让其自由思考和活动的父母的影响下成长起来，特别是他们的父母都有一个共同点，就是认可孩子的好奇心和兴趣，鼓励他们能够专心于自己感兴趣的事。

0～2岁孩子的科学才能要这样培养

让孩子在房间里尽情玩耍

这个时期的孩子，在爬爬走走这样的大肌肉活动的过程中，运用全部五种感觉来进行探索活动。他们对变动的事物和不变的事物的兴趣是有差异的。因为一旦他们意识到事物的变化，就会对眼前的变动产生敏感得多的反应，所以父母应该通过让孩子尽情探索家里有的东西，来培养他的好奇心。

对声音或变动反应敏感的时期

　　对变动的物体或声音反应敏感，总想运用五觉来进行探索，是这个时期孩子的特征。即使像开门关门、开灯关灯这样的区区小事，孩子也表现出好奇心和探索行为。这个时期的孩子，是在探索家里有的东西的过程中，逐渐开始产生对自然现象的兴趣的。因此，家里有的东西是培养他们科学能力的有用的工具。

　　要为孩子创造环境，使他能够仔细观察家里有的东西或周围事物。特别应该注意，要让孩子利用五觉，在触摸、观察、闻味的过程中获得多样的体验，这样能培养他对于事物的好奇心和怀疑的态度。

　　由于对大肌肉发达有帮助的游戏，能使孩子用身体去体验空间、重量、体积、中心等概念，父母应该经常让孩子进行一些像爬竿、钻洞、摇动推拉这样的游戏。并且，还要经常给孩子机会，让他能利用手或脚等身体的部位，使事物产生变化。

迅速培养科学才能的活动

1. 同时运用五觉进行观察
　　准备：家里有的几样东西。

　　方法：让孩子通过视觉、听觉、触觉、嗅觉、味觉来直接感受事物。刚开始先让孩子看，其后的听声、触摸、闻味、品尝等体验应同时进行。

　　效果：孩子将学会如何运用多种方法来观察事物。

2. 体会触感
　　准备：木头、塑料、金属、橡胶、碎布、毛线、瓦楞纸等多种有着不同触感的东西。

方法：让孩子直接摸摸这些东西，体会多种不同的触感。在孩子对触感有了一定程度的熟悉之后，让他戴上毛皮手套摸东西，然后再戴上棉手套或橡皮手套来摸东西，比较一下感觉有什么不同。

效果：让孩子体会多种触感。

3．尝尝味道

准备：酱油、糖、盐、醋等味道不同的调料。

方法：让孩子尝尝准备好的盐、糖、醋等的味道，将感觉说出来。

效果：使孩子体验酸、甜、苦、辣、咸等多种味道。

4．让孩子听听不同的声音

准备：几种自然的声音或录下来的声音。

方法：（1）让孩子听人说话的声音或音乐声、钟表的声音、铃铛的声音、汽车的声音、动物的叫声等。让孩子说出这些声音都有什么不同。

（2）让孩子听风声、雨声、鸟叫声、水滴声等自然的声音，直接感受自然。

（3）把录下来的妈妈的声音、哥哥或姐姐的声音还有孩子自己的声音播放给孩子听。让孩子分辨出都是谁的声音。

效果：通过让孩子聆听多种不同的声音，使他了解其中的不同点或相似点，为孩子创造能够熟悉声音感觉的机会。

5．感受温度

准备：凉水、温水、热水、冰。

方法：把多种温度的水盛在杯中，让孩子用手摸一摸，感受温度的差异。如果把冰放在热水里，冰会迅速融化，整杯水也就变成温水，这一点，让孩子通过触摸来感受一下。这时，热水有危险的事实，也要让孩子知道。

效果：孩子通过体验温度差异所带来的不同感觉，能理解热、温、凉等的概念。

2～4岁孩子的科学才能要这样培养

通过户外活动让孩子获得多样的经验

　　这个时期的孩子，以直接用眼观察、用手触摸获得的体验为基础，来逐步理解自然现象或事物。要尽量为孩子创造能以多种方式接触事物的机会。这时期的孩子，好奇心与疑问急剧增长，总爱表现出独立完成一件事的欲望。这时候，无论是什么，都可以让孩子亲自尝试一下。这种经验是培养才能的最重要的刺激因素。

好奇心与兴趣剧增的时期

　　这个时期，是孩子对自然和事物的好奇心急剧增强、兴趣迅速增加的时期，他们对原因、过程、本质等会提出很多问题。如果孩子能在直接经历的过程中获得问题的答案，满足自己的好奇心，他会非常高兴。因此，父母与其把抽象的科学概念告诉孩子，还不如利用具体的事物，将科学现象直接演示给他看，同时像聊天一样地向他说明。

　　这个时期的孩子，有很多会认为所有的事物都有生命，但通过经验的增长，孩子会逐渐熟悉生物与非生物的概念，并对动物、花草、树木、石头等事物感兴趣。特别应该提到的是，由于孩子对人、庄稼、蔬菜、水果、动物等都感到好奇，因此最好能在打扫卫生的时候、洗澡的时候、做菜的时候、乘车的时候等几种情况下，自然地向孩子说明事物的概念。要尽可能多问多答，培养孩子的语言理解能力与表达能力。通过对话，帮助孩子熟悉大小、数量、颜色、长度等概念，发展起逻辑的思考能力。

通过多种活动来释放孩子的好奇心·

这是孩子对自然的兴趣增加的时期，最好经常让他到户外走走。直接看看丰富多彩的事物，并亲手摸摸它们。这样的经验越多，孩子就越能具体把握事物的概念。

在这个时期，孩子还难以理解眼睛无法看见的科学概念，因此最好通过多样的活动，让孩子自然地产生对科学的兴趣。和孩子一起读一些科学游戏或科学活动方面的书，书里提到的活动，也直接实践一下。

迅速培养科学才能的活动

1．分辨节奏
准备：木琴、三角铁、手鼓等乐器和录音机。

方法：（1）让孩子多听几种不同的声音。每种乐器都让孩子感受大声和小声、高音和低音、长音和短音，让孩子学会分辨声音的差异。

（2）利用节奏乐器敲打出不同的节奏，让孩子跟着打拍子。

效果：使孩子学会区分声音的强弱，培养对声音的感觉。

2．自己动手制造乐器
准备：黄豆、栗子、布袋或塑料袋、水、瓶子或杯子、筷子。

方法：（1）将不同分量的黄豆放入布袋或塑料袋中后摇晃。确认不同的分量声音有何不同，再确认不同的大小声音有何不同。

（2）将杯子或瓶子盛上水后，让孩子听筷子敲击杯子或瓶子的声音。增加一点水或减少一点水，再听听音高有何不同。

效果：孩子能直接感受因材料的多少或大小不同而不同的声音，以及音的高低变化等。

3．给孩子念有趣的科学书

准备：多种与科学有关的书。

方法：给孩子念各种各样的科学书。图要画得大，同时又有孩子容易理解的具体知识和说明，并且最好是在让孩子熟悉科学知识的同时，还能一起实践一些科学活动的书。包含声音、味道、人体、颜色、感觉、动物、花草、树木、大海等多样内容的书再好不过。

效果：在给孩子读他喜欢的内容的同时，也让他直接实践科学活动，这样能自然地培养他对于科学的兴趣。

4．制作科学箱子

准备：有盖的纸箱或木箱、彩色纸、彩色铅笔、胶水、木块、泡沫塑料、铝箔或玻璃纸、碎布、标签等。

方法：利用准备好的东西来装饰箱子，在里面放入隔板，分成几个格。完成后，根据科学实验或活动所需的几种材料，按照自己的分类标准来制作科学箱子。将科学活动所需的工具进行分类并放入不同的格中，每到进行科学实验或科学活动的时候拿出来使用并重新进行整理。

效果：使孩子在给工具分类的过程中产生区分事物的能力，养成整理的好习惯。

5．颜色游戏

准备：黏土、面糊、水、毛笔、签字笔、蜡粉笔、颜料、蜡笔、玻璃纸（红色、绿色、黄色）、素描本、剪刀、木筷、牙签等。

方法：（1）向孩子说明能表现色彩的工具都是怎样的。

（2）让孩子利用彩色蜡粉笔、颜料、蜡笔或签字笔在纸上涂出多样的颜色，看看不同材料表现出的色彩感觉有何不同。在使用颜料的时候，让孩子将颜色调在一起，看看能变成什么新的颜色。

（3）让孩子给自己调出的颜色起名字。由于孩子说出准确的颜色很难，只要能说出近似色的名字就好。

（4）让孩子在白纸上用白色蜡粉笔写上字或画上画后，再用颜料来上色，看看是什么样子，并向孩子说明颜料和蜡粉笔不能混用的原因。

（5）将玻璃纸的颜色用白纸来衬托，再用玻璃纸挡住其他东西，看看东西的颜色有什么变化。

（6）将颜色不同的两张玻璃纸叠在一起，观察颜色的变化。在蜡粉笔或颜料中找出与玻璃纸叠在一起后的颜色相同的颜色。说出颜色的名称，用蜡粉笔或颜料上色后，确认一下颜色对不对。

（7）将黏土、面糊和颜料和在一起，制成多种颜色的彩色黏土、彩色面糊。用彩色黏土或彩色面糊尽情地进行手工制作或绘画。

效果：通过丰富的科学活动和游戏，让孩子明白科学和科学的方法。

6．水游戏和沙子游戏

准备：水瓢、水壶、漏斗、毛巾、海绵、吸管、水枪、铁锹、塑料杯、勺子、密封罐、玩具小船、木块、小石头、铁球、沙子、玩具铲子。

方法：（1）在孩子玩耍的时候，让他通过装沙子、倒沙子、运沙子的过程，熟悉量、体积以及重量的感觉。

（2）将会浮的东西和会沉的东西直接放入盛着水的浴池里，把它们分别开来。观察哪些东西浮起来，哪些东西沉下去，再找找看能让浮着的物体沉下去的方法。

（3）换一些新水。将颜料溶解在里面，制成有颜色的水；或者放入起泡剂，制成肥皂泡水。将吸管插入水中后往里吹气，让孩子看到：在空气进入水的同时，会咕嘟咕嘟地产生很多水泡；而将吸管插入肥皂泡水里吹气，则会产生更多的肥皂泡。还可以和孩子一起玩肥皂泡游戏，并告诉孩子肥皂泡里有空气的事实。

（4）在各种形状的容器里盛上水后，再将水移到其他容器里，让孩子熟悉水随容器形状的不同而改变形状的属性。

效果：水游戏和沙子游戏，使孩子熟悉对构图、均衡、调和的感觉，还能培养孩子的创造力。

4～6岁孩子的科学才能要这样培养

通过对话和提问培养孩子的科学思考能力

4～6岁的孩子，对抽象事物的好奇心急剧增加，通过看图画书、看电视、听收音机等间接经验，他们开始表现出对所接触现象的兴趣。在这个时期里，如果父母经常通过游戏、提问或对话等手段来激发孩子的好奇心，能迅速提高孩子的科学思考能力。

观察力与概念变得明确的时期

4岁以上的孩子，对科学的关注范围扩大了很多，宇宙、大地、恐龙，甚至过去与未来，都成为孩子关注的对象。对于自然现象与事物之间的关联性，孩子的认识加深了，开始一点一点地接受像"空气""力量""思考"这样的抽象事物的概念。

孩子已能对照书的内容进行科学活动，表现出独立主导实验的欲望。并且，也能正确把握事物的特征，对形状、颜色、大小等进行分类和集中。这时期的孩子，能够将自己知道的科学知识直接运用在实验当中，并且，在日常生活中，也会经常说"既然……那么……"，来应用自己知道的知识。在做实验的时候，经常问"这样做怎么样？""加点这个看看怎么样？"表现出明显的主观意志，并且会做一些有根据的尝试。

在日常生活中养成科学的习惯

孩子到了4~6岁，会在与同龄小伙伴交往的过程中，经常进行动手操作的游戏或科学活动。在与这时期的孩子一起进行科学活动的过程中，最好要尽可能多地进行一些能使孩子的科学想象力与思考力变得丰富的对话。只是在对话的过程中要注意，不要太过偏重于科学的事实，以至于阻碍了孩子发挥多样的思考与创造性的机会。

让孩子接触与科学有关的各种各样的书，最好稍稍扩大科学的范围，让孩子接触一些对有助于确认科学概念或抽象概念的活动加以介绍的书。包含因光、磁力、热而产生的物质的变化、宇宙、空气、力量、运动、电、温度、天气等内容的书都可选择。要为孩子准备多样的物品、材料、工具，让孩子能独立地进行科学活动或实验。

在进行科学活动的时候，最好多问问孩子像"为什么这样做？""活动的目的是什么？"这样能启发科学思考的问题。这样能起到将科学活动、科学知识、科学思考三者有机结合的效果。

迅速培养科学才能的活动

1. 厨房里发生的事
准备：天平、碗、勺子和筷子、盐、糖、酱油、醋、辣椒粉、辣椒酱、豆瓣酱、水、苹果、香蕉、若干种谷类、若干种蔬菜、面包、放大镜。

方法：（1）在厨房做菜的时候，让孩子确认所使用的几种调料都是什么颜色、什么味道。

（2）让孩子通过实验，看看各种调料加热后会不会熔化，会不会溶解于水。先预测一下会发生什么，然后通过直接加热或将调料放入水中搅拌来确认结果。比较预测与实际的结果。在用火的时候，要特别注意让孩子小心，最好是父母帮着做。

（3）尝试一下将两种物质混在一起是什么味道。让孩子品尝一下甜酸味、辣甜味等混合型味道，并将感觉描述出来。

（4）在切苹果的时候，让孩子观察颜色的变化。每隔一段时间观察一次，并将苹果随时间变长而变暗的过程画下来。还可以让孩子将去皮的苹果放在糖水或盐水里，看看颜色会不会改变，并对结果进行描述。

（5）让孩子看看大米、黄豆、玉米等几种谷类和蔬菜，用这些材料来做菜。让孩子观察加热后变熟的过程，并比较一下和加热前有什么不同。

（6）让孩子观察面包发霉的现象。干燥的面包与潮湿的面包，暴露在阳光下的面包和放在阴凉处的面包，观察它们发霉的现象并加以比较。让孩子用放大镜仔细地观察霉，并说说霉产生的条件、霉的影响和防止发霉的方法。

（7）做好一道含油较多的菜后，等锅变凉后让孩子只用水来洗洗看，然后再用洗洁精来洗。让孩子比较一下结果，并试着说说洗洁精去除油脂的原理。

效果：与日常生活相关的科学活动是培养孩子对科学的兴趣的好方法。与其准备很难的实验工具，不如经常在日常生活中让孩子关注科学。

2．空气游戏

准备：气球、用于游戏的塑料注射器、画上图画的纸卡片。

方法：（1）给气球吹完气后放气，同时让孩子用手或脸感受放气时产生的风，也听听放气的声音。告诉孩子气球里的东西是空气，并让孩子比较一下气球只放出一点气时、放出很多气时和将气球吹满气时的情形。

（2）除了气球以外，再找找看还有什么东西里面是空气。将用于游戏的注射器里面抽上空气，让孩子把脸或手掌凑近些，再将注射器的空气推出，让孩子感受气流。

（3）用嘴吹风。用嘴将画上图画的纸卡片吹翻个面。告诉孩子，嘴里出来的风是空气，说说使劲吹时和轻轻吹时感觉的差异。

（4）进行多样的游戏，确认除了上述地方，还在哪里有空气。

效果：通过皮肤直接感受并确认看不见的空气。

3．光和影子的游戏

准备：纸、胶水、胶带、线、剪刀、杯子、吸管、手电筒、照片与已成像的底片。

方法：（1）在暗夜里，利用手在墙上造出影子。可以摆出蝴蝶、兔子等样子。也可以妈妈摆样子，孩子来猜，这样也很有意思。

（2）在纸上画上鸟、蝴蝶、玩偶等等，涂上颜色并剪下后，用胶带粘在筷子上或者用线拴好。用手电筒照着白墙，在手电筒和墙的中间搁上动物模样的玩偶，确认影子产生的方向。不要只对一面墙，其他方向的墙上也要试试。

（3）用手电筒从近处和远处来照动物模样的玩偶。让孩子在确认影子大小如何不同的过程中理解光和影子的关系。

（4）将照好的照片和已成像的底片放在手电筒底下照照看。再将底片投射到墙上，比较它和照片的差异。

效果：用多种方法利用光线，让孩子感受到变化，理解光的作用。

激发孩子的科学想象力

培养孩子科学的能力，不单意味着教孩子科学知识，还意味着培养孩子科学思考的想象力和创造性。要进行丰富多彩的科学活动和激发孩子好奇心的对话游戏，让孩子能尽情展开思考，体会到认识新世界的成就感。

科学知识变得丰富的时期

到6～7岁的时候，孩子对科学的兴趣和知识都加深了一层，因果关系的逻辑思考和科学思考也成为可能。孩子开始接受抽象的科学概念，也能理解像固体、液体、气体、分子运动这样比较难的科学用语了。

这个时期的孩子，在记录测量内容或实验结果，得出最后结论的同时，能将这些与科学知识联系起来。并且，从预测、对资料进行分析，到下结论的过程非常符合逻辑。独立解决问题的能力开始产生，也能理解在科学中有物理、化学、地球科学、生物等多个不同的领域。

把家变成科学游乐场

这个时期，随着孩子进一步加深对科学的兴趣，掌握更多的科学知识，父母需要对孩子进行更积极一些的科学教育。要劝孩子多读具体的、有详细内容的科学书，平时与孩子对话的时候，也要多使用科学概念和科学用语。

如果孩子提问，可以通过反问来启发他，让他把握原因与结果之间的关系，进行逻辑的思考。让孩子通过提出问题、确定问题及预测，充分练习解决问题的过程。

为孩子准备皮尺、天平、温度计、烧杯、液体注入器等物品，让孩子有机会经常使用各种各样的实验工具和测量工具。让孩子写"实验日志"，用多样的方法记录下测量内容、资料分析过程及结果。称孩子为"小科学家"，对于生活中不方便的地方，让孩子有机会提出改进的方案并直接实践。让孩子将学习概念的过程或结果直接编成绘画日记、告示牌、报告书等等，并且最好让孩子养成尝试制作小发明的习惯。

迅速培养科学才能的活动

1. 熟悉天气

准备：报纸、电视、温度计、美术工具。

方法：（1）看看报纸或电视里出现的天气预报，并说说今天的天气是怎样的，了解天气的种类都有哪些。

（2）让孩子参照今天的天气，来预测明天的天气。看看晴、阴、雨、雪用图画如何表示，预测明天的天气，并试着用图画表达出来。思考晴转阴的情况，或者雨转晴的情况如何表示，将它们画出来。

（3）用温度计直接测量屋内的温度。将测量好的温度记在天气记录本上，比较夏天与冬天的温度差异。用数字直接确认温度的变化。

（4）确认天气预报里说的今日气温和在家里测量的温度之间的差异。

效果：让孩子通过看天气预报，感受到科学就在日常生活当中。

2．制作我的树叶辞典

准备：几种不同的树叶、胶带、素描本、放大镜、绘画工具。

方法：（1）与孩子一起散步，采集几种形状不同的树叶。

（2）和孩子一起，把采集到的树叶用胶带贴好地贴在素描本上。记录下采集树叶的日期和地点、树的名字、树叶的特征等等。如果不知道树的名字，一起查查书。用放大镜仔细地观察树叶，或者把它画下来也好。

（3）在树叶上涂上颜料再印到素描本上，可以更鲜明地感觉到树叶的形状。利用贴在素描本上的真树叶或印在素描本上的树叶的形状，制成树叶辞典。

效果：通过直接观察和动手实践来获得自己的劳动成果，能培养孩子的观察能力，让孩子体会到成就感。

3．观察月亮的形状并制作月历

准备：月历、大张的纸、签字笔、尺。

方法：（1）准备好家里用的月历。照着月历，把当月的月历画在素描本上。

（2）数字下多加两个空。一个空让孩子可以画当天月亮的形状。每天观察月亮的形状如何变化，并将它画下来。另一个空，则用来填写月亮形状的名称。

（3）完成月亮形状的月历后，看看标记阴历的月历，比较阴历的日期与月亮的形状、名称。试着将月亮的形状与新月、上弦月、满月、下弦月、晦日月等名称及阴历的日期联系起来。

（4）下个月的记录月亮形状的月历也制作好。这次，在观察每日月亮形状之前，先让孩子预测一整个月的月亮形状并画下来。然后每天进行观察，比较提前画好的月亮与实际观察到的月亮有何差异。

（5）把握月亮形状的变化过程、各形状的名称以及几天内会否发生变化。让孩子思考月亮的形状为什么会发生改变。

效果：培养孩子观察事物的能力和观察的习惯。

第五招

培养孩子的创造性

创造力是让孩子与众不同的力量

那些看似瞎胡闹的行为，是孩子创造性的表现

　　要养育一个经常瞎折腾的孩子不容易。但是，越是经常做出与众不同的胡闹行为的孩子，越有可能具备丰富的创造性和想象力。因为表现出与众不同的好奇心和热情，正是创造性的基础！只有让孩子自由地思考，充分发挥想象力与创造力，才能培养起他在未来生活中所需的最强的竞争力。

即使是孩子瞎胡闹的行为，也请多加关注

　　让孩子的心灵健康成长，和通过美好的食物使孩子的身体健康一样，是非常重要的。因为孩子心灵的成长，意味着思考力、创造力、想象力逐渐变得丰富的过程。帮助孩子进行自由而有创意的思考，尽情展现想象力，正是使孩子拥有与众不同的独特个性，具备自己的竞争力的方法。

　　孩子具有无限的可能性。然而，根据每个孩子所具有的想象力、创造力、思考力等程度的不同，可能性发挥的程度也有所差异。像爱迪生或爱因斯坦这样，小时候尽做些出人意料的行为，以瞎胡闹闻名远近的人，成为人类历史上最伟大的发明家和科学家，正是这种力量作为基础所起的作用。孩子以这样的力量为基础，塑

造自己的未来。千万别忘了这个事实：懂得理解孩子的出格行为或过多好奇心的父母，能更好地培养起孩子的创造力。

使孩子梦想未来的力量

父母这一代人小时候无法想象的事情，现在的孩子却当作理所当然的事实来接受，这样的例子相当多。计算机、游戏机、手机等，只要我们稍微环顾周围，可以发现新产品随处可见。

创造新事物是人类的本能，人们在不断创新的过程中，体会到愉悦和成就感。因此，总是有更新更好的事物不断地进入我们的生活。即使是"现在"这一瞬间，也有新理论新发明，正不断地涌现出来。有些事情，虽然最初看来绝不可能实现，但人的头脑中无尽的想象力和创造力，却使之成为可能。

让孩子展现出自己特有的才能

未来，与那些在所有领域都表现尚可的多面手相比，在专门领域内具备扎实能力的专家更能获得认可。孩子长大了，会成为发明家或宇宙科学家、物理学家、文学家、艺术家等，或者成为我们无从知晓的新领域的专家。在让孩子实现梦想，成为专家这方面，起重要作用的能力正是"创造性"和"思考力"。如果希望自己的孩子在专门领域内获得成功，就应该为孩子准备能够培养其创造性和思考力的环境。数学、科学、文学、音乐、美术……不论是哪个领域，要增进专门能力，都应该充分发挥创造性和思考力。例如，如果只是具有科学领域的出色知识，却无法取得创造性的成就，那就不过是储存知识的保管仓库而已。因为，科学的发展，是以能将"保管仓库"里的知识转变为新事物的创造性思考为基础来实现的。为了创造比目前稍微更加便利和舒适的环境，需要创造性思考的力量。

关于创造性的几种误解

创造力突出的人都有哪些特征呢？一般认为，这些人都有某些地方很独特，满脑子都是新想法，爱做一些特别的行为，与普通人不一样。但事实上，无论是谁都具有创造性，只是能够发挥出的创造性存在程度上的差异而已。根据努力程度的不同，多多少少能发挥出一些。让我们一起来考察几种关于创造力的不正确的想法。

有创造性的孩子散漫而特别？很多父母认为，孩子行为散漫，是因为好奇心和创造力比其他人更为突出的缘故，于是他们听任孩子自由发展。然而，如果将"出格的行为"无条件等同于"创造性的行为"，以至于纵容孩子的散漫，孩子就有可能产生"行为控制失败"的问题，这一点父母要多加注意。

创造性等于独特性？有这样一种倾向，认为所谓的创造性，就是只需表达出与众不同的想法。但是，创造性并不止步于新想法的提出，还需要将新想法具体化，制作出眼睛可见的产品，这需要经过不懈的努力和训练。

创造性高了，智商才会高吗？人们很容易认为创造性高的人智商较高、才能较多。然而，创造性和智商并不一定成正比。只是在一个更大的范畴内，智商包括了创造性而已。

智商，主要是指使理解和习得知识成为可能的能力；而创造性与之不同，它指的是将已有的知识从新的角度进行应用或制作出产品的能力。因此，认为孩子的智商高，就肯定创造性也高；或者由于智商低，就想当然地认为创造性也低，这些都是错误的想法。

创造性只在特定的领域里才出现吗？不论在哪个领域，创造性都存在。在日常生活中可能出现，在科学、数学、文学、音乐、艺术等领域内也可能出现。并且，根据每个人具有才能的领域的不同，创造性也会得到不同的发挥，也会出现在有才能的领域，创造性发挥得稍微多些；在没有什么才能的领域内，发挥不出创造性等这样的差异。这就意味着，能在科学领域里发挥出丰富的创造性的孩子，也许在文学领域里就没有什么作为。

创造性高的孩子逆反心理也强吗？很多人将创造性看作对现有之物的逆反与挑战。但是，对每一件事都反对，或者无视已有的事物，都不是创造性高的表现。而在现有事物的基础上多迈出一步，为了"更好""更方便""更漂亮""更有益"的发展而进行积极的思考，在这一过程中产生的正是创造性。

我的孩子具备何等程度的创造性

如果父母仔细关注孩子的言语和行为，总能多多少少发现孩子的创造性才能。目前虽然有一些关于创造性的测试，但这些测试得出的结果还不及父母的感觉与观察来得正确。而且，孩子越小，父母的判断力起到越大的作用。

原先总认为孩子瞎胡闹的父母们，让我们从抛弃这个偏见开始，一起努力学习用孩子的眼光来看待世界。这样，我们就能发现孩子表现出的新的可能性，与原先我们所认为的不尽相同。

以下这些特征能帮助我们了解自己孩子的创造性在什么程度。各项适用于3岁以上的孩子。

孩子创造性的检测

（1）喜欢尝试创造新的游戏，或试图改变规则，并享受这个结果。

（2）喜欢动手制作，玩的游戏的形态具体而又特别。

（3）喜欢思考和制作新事物。

（4）想象力丰富，有时说起一些想象的事情，就好像是现实里曾经发生过一样。

（5）应用能力很强，如果教他迷宫或拼图，他自己能玩出新花样。

（6）在对事物进行比较的时候，能愉快地谈论相互间的共同点和不同点。

（7）经常问为什么，爱追问原因和结果。

（8）把握关系，经常使用像"如果……就会……"这样表示预测的句子。

（9）对正确与错误，能从逻辑上进行辨别与分析。

（10）能具体提出问题的解决方案或对策。

（11）对于人们认为理所当然的事情，经常会提出很多出人意料的问题。

（12）与重复性较高的问题相比，更喜欢复杂的、需要付出创造性努力的问题。

（13）不喜欢受到强制，一旦开始尝试某件事情，能一直集中注意，直到得出结果。

（14）对于同一个问题，能提出好几种解答方法。

（15）对于玩具，能灵活应用它的多种用途。

（16）如果上色，孩子不仅仅满足于上色，还爱在上面画上画。

（17）与按照说明书来进行制作相比，更喜欢自己随心所欲地制作。

（18）愿意独立思考，或者在制作什么东西的时候，会停下来沉浸到思考中去。

（19）喜爱冒险，很大胆，什么都想尝试。

（20）一次性把握复杂事物或情况的直观能力很出色。

符合的项目在15个以上：可说是创造性非常突出的英才了。因为孩子多少有些出人意料的言语和行为就担心，这是没有必要的。如果父母给予孩子多样的刺激，持续表现出关心，孩子就能发挥出很高水准的创造性才能。

符合的项目在10～14个：属于创造性较为出色的孩子。最好能适当地给孩子提出一些问题，让他经常从新的角度来看待现象和事物。经常给他一些任务，让其独立完成。

符合的项目在6～9个：虽然不属于创造性出色的，但如果能在生活中坚持给予刺激，启发孩子潜在的可能性，他的创造性还是很有可能发展起来的。

培养创造性的最佳育儿原则

培养孩子创造性的生活原则

并不是所有的与众不同都是创造性的表现。创造性还取决于独特的想法或观念在转变为可见结果的过程中，得到了多少实际应用，以及应用得是否恰当。要培养孩子真正意义上的创造能力，应该注意发展流畅性、融会性、精巧性、有用性等可称为创造性核心要素的因素。

培养造就多样想法的"流畅性"

爱迪生曾经说："如果想得到最好的构想，那就得多考虑一些想法。"这意味着，只有想法多了，才能在其中选出最好的。想法越多，选择的余地就越大，得出最好结果的可能性也就越大。而造就多种想法的，正是"流畅性"。

　　和孩子相比，大人更不容易产生丰富的想法。因为大人不是考虑这样那样的可能性，而是把焦点放在"正确答案到底是什么"上。太过执著于思考最好的办法、唯一的解决途径，以至于无法得到多样的想法。要培养流畅性，应训练孩子不要只考虑一个答案，而思考多样的解答方法。让孩子试着"想想除此以外还有没有别的方法""多进行思考""说出所有想到的想法"等等。哪种方法最合适，到最后再评价。要让孩子明白：最好的结果，是在以多样想法为基础的思考的流畅性中发现的。

培养孩子的"融会性"，使他能够将不同的事物自由地联系起来

　　要培养创造性，应注意的第二个要素是"融会性"。融会性，从不同角度和领域来看待观点或问题情况，使孩子能够从多个方向思考问题。融会性与造就多样想法的流畅性相似。但融会性，不仅要求有更多的想法，还包含能够融合多样观点和领域的能力。例如，在思考什么东西有四条腿的时候，不仅考虑到老虎、狮子、大象等动物的范畴，还考虑到书桌或椅子这样的家具、实验器具、塔这样的建筑等多种范畴，这就是融会性。

　　融会性，培养孩子站在他人立场来看待事物的视角以及将多种观点相融合的眼光，使孩子能够摆脱固有观念，自由地进行思考。并且，通过对原本大不相同的事物进行关联性的思考，可以为从单一的领域中摆脱出来，在发明中应用几种领域的知识提供有益的线索。要培养孩子的融会性，应该引导孩子试着"最少想出三种以上的其他种类、其他办法"和"思考其他事物之间的共同点和不同

点”等等。

培养孩子自己的“独创性”

　　一提起“创造性”，人们通常第一印象就是“独创的想法”。所谓独创性，指的是得到别人所没有想到的、很新、很独特、很珍贵的想法的能力。如果将普通人一般能想到的东西称为普遍的想法的话，独创的想法则意味着出人意料的想法、能让人大吃一惊的想法、不平凡的想法、能引起人们关注的想法等。

　　培养孩子的独创性，应引导孩子试着“思考别人根本没有想到的事”“想象新事物”“思考新奇特别的方法”“说出自己独特的想法”“思考世上独一无二的东西”等等。

培养“精巧性”，
引导孩子创造性地完成目标

　　脑海里最初浮现的想法，可能多少让人觉得有点出乎意料或者不着边际。但是，不停留在这一步，而是继续思考，更仔细地制作和对想法进行补充，在这样的过程中，一步步地向制作出完美而有创意之物迈进。像这样，使想法稍稍向前发展一点并逐步完整，制作成丰富的物品的，正是“精巧性”。

　　再好的想法，如果不发展到足够完整的程度，就无法得到有创造性的物品。要培养孩子的精巧性，应该引导孩子试着“将单纯的想法具体化并加以说明”“将想说的话用几个句子表现出来”“仔细地画画”“说明时稍微多加补充”“分阶段制订计划”“对题目进行联想式说明”等等。

培养"有用性和现实性"，
让孩子学习如何赋予观念以价值

　　一个想法要具有价值，应该有现实的用途并且合乎时宜。要注意，过分理想化的、非现实的想法，不仅不能培养孩子的创造性，还有可能造成孩子的散漫。当然，孩子得出的想法也可能是非现实的、理想化的，但创造性本身就意味着在得到有创意的结果之前不可止步于理想化的观念。因此，要使孩子将自己的想法转化为实际可见之物，在追求理想化的同时，应培养孩子注意现实性，使想法具备"有用性与现实性"。

　　要使孩子的想法具备"有用性和现实性"，应让孩子自己提出疑问："哪一点有帮助？""有什么优点和缺点？""实现的可能性有多大？""具体的操作方法是怎样的？""是否方便？""是否经济？""不方便的地方在哪里？""这里有什么地方需要改善？"等等。

培养创造性的最佳育儿原则

从消除妨碍创造性的因素开始

　　每个孩子都有创造的可能性，只是这种可能性，有的能够发展为才能，有的则不能。要培养孩子创造的可能性，父母与周围环境的作用是非常重要的。父母无意间说出的一句话，或者做出的一件事，都有可能挫伤孩子创造的可能性与意志，因此要提前多加注意。这是培养孩子创造性的第一步。

妨碍孩子创造性思考的填鸭式教育

拘泥于唯一标准答案的教育，恪守固定框架的填鸭式教育，是妨碍孩子创造性的最大的障碍物。在这种填鸭式教育的模式下，孩子没有思考的必要，只需百分之百地接受父母或老师的教导，这样就丧失了自由思考、自己找出解决办法的能力。

比如只要是妈妈说的单词，孩子就无条件跟着背诵；不断重复无意义的算术练习，对得出正确答案的过程不再感到新鲜……孩子们从小开始就接受这样的填鸭式教育，不知道是不是能够积累起足够多的知识，但情境应用的能力或积极解决问题的能力却很有可能受到限制。

小孩子会有很多新奇的、出人意料的想法。这意味着他们的思考很自由。但即使是原本能够进行自由的、富有创造性的思考的孩子，如果经过了填鸭式教育，思考也会变得僵化，无法得出除了标准答案以外的答案。这也就是说，孩子已丧失了独立思考的能力。

如果要求孩子在固定框架内行动，孩子就肯定无法学会自由思考的方法。害怕出错、害怕违背规律、害怕破坏秩序、害怕遭到训斥……这些都使孩子无法进行独特的、有创造性的思考。而且，如果心理处在恐惧不安的状态，就会很自然地导致思考无法集中、变得散漫、无法发挥出创造性。因为富有创造性的想法和行为，是在能够进行自由的思考和行动的氛围中出现的。

阻碍自由思考的固有观念

最近韩国取消了彩色蜡粉笔色彩名称中"肉色"的字样。我以东亚人的肤色为基础，一直有所谓肉色这样一种颜色。只要是画人的脸，不管三七二十一，都上成肉色，这俨然成了一种固有观念！因此，不管是白人黑人的脸，还是被太阳晒黑的脸，都毫无顾忌地直接上成"肉色"。

不仅肤色如此，我们还总爱将天空上成天蓝色、土地上成黄土色、头发上成黑色……在色彩选择方面，我们还是和从前一样无法抛弃固有观念。此外，我们还一直认为书就应该是方方正正的厚厚的模样，认为女人就该穿裙子，男人就该穿裤子，等等，我们被束缚在许许多多固有观念中。

对于孩子而言，性别固有观念尤其危险。女孩学不好数学或物理这样的学科，男人如果做护士或幼儿园老师很可笑……类似这些想法的性别固有观念，有可能挫伤孩子对于未来的希望。

不要强求一致

很多人认为，想法与众不同就是错误，做的事情不合规范就是不好：即使知道自己正走在错误的路上，但想到还有其他人同路就感到安慰；或者虽然自己不情愿，但没有说出来的勇气，于是不得不遵照多数人的意见。

要求孩子选择父母的想法，或者教孩子做出和其他人一样的选择，都是挫伤孩子创造力的行为。应该培养孩子独立选择的力量，并且应该让孩子明白，有时也有什么都不应选择的情况。

在追求变化的时候，需要冒险精神与勇气。要让孩子明白：要与众不同，或是摆脱熟悉事物的桎梏，虽然需要付出更多努力，但却能获得更大的价值与成就感。

过分的评价与称赞反而有害

越是在关注、斥责和批评中长大的孩子，越容易在每件事上没有自我，他总是很胆小，不敢创新，唯恐出错。而且，越是在乎别人如何评价自己的人，越是无法自由地思考，很容易丧失自己的主见。因为他总想使自己的思考和行为合乎周围的人所要求的对于正确与错误的判断或评价。过分的评价会限制孩子的自由思考和创造性，过度的称赞也可能使孩子的创造性减半。这是因为孩子会变得只将自己的注意和兴趣集中于受到称赞的行为和领域。只是为从别人那里获得良好的评价和称赞而进行学习、绘画、做科学实验的孩子，有着无法持续完成除这些事以外的其他事情的倾向。称赞，如果没有赋予动机，就会使孩子丧失自信心与兴趣，无法激起孩子将一件事情从头至尾完成的意志力。

称赞与评价的理由是，通过诱发孩子的内在动机，使其品尝成就感的滋味，来激励孩子在其他事情上也能尽量做得最好。因此，父母在对孩子进行称赞和评价的时候，不要丧失了客观性，而应该具体。不着边际的评价或者超出孩子努力程度的称赞，反而会带来负面的效果。

不要对孩子的经验加以限制

经验丰富的孩子，更有可能得出多样的、出色的想法。要获得有创造性的想法，应该有知识作基础，而使这样的知识变得丰富的，也是经验。

知识由直接经验及通过书本、信息而获得的间接经验构成。只有知道的信息多了，才能导向多样的想法和多样的范畴、独创性的想法和精巧的想法。与通过书本或故事获得的信息相比，直接经验更有优越性。因为通过直接经验，能够更积极、更有现实感、更细致、更丰富地进行想象。

　　只被关在家里的孩子、即使去野外游玩也只在妈妈怀抱里待着的孩子、只会看电视的孩子、只玩一两个玩具的孩子、只愿意按照规则玩游戏的孩子、不读书的孩子、对于新事物一点也不想尝试的孩子、严重偏食的孩子、只愿意穿一两种衣服的孩子、怕脏怕乱什么也不想做的孩子，经验肯定不足。而经验不足的孩子，想出新主意来的可能性也就更小了。

小贴士

挫伤孩子创造性的话，你说了多少呢

　　"你说的是多么荒谬可笑呀！"

　　"妈妈帮你做。"

　　"别说没用的话。"

　　"你不知道也好。"

　　"哪有那样的事儿？"

　　"别再问这么傻的问题了。"

　　"以后长大了，你自己会明白的。"

　　"你怎么那么多话？"

　　"叫你做什么你就做什么。"

　　"你是女孩（男孩），怎么能做这种事？"

　　"规则就是这样！"

　　"说说正确答案是什么。"

　　"那么奇怪的想法从哪里来的？"

　　"不许说假话！"

培养创造性的最佳育儿原则

用孩子的眼光来看待世界

要培养孩子的创造性，父母对待孩子的态度比什么都重要。尤其是对大部分时间都待在家里的小孩子而言，家庭是最重要的学习场所。如果从小就为孩子提供可以进行创造性思考的家庭环境，鼓励孩子不管什么都能自由地尝试，这样孩子的创造性就能迅速发展。

只要改变想法，孩子的创造力就能发展

要培养孩子的创造力，父母应该首先在生活中表现出创造性的榜样作用。当父母抛弃条条框框的固有观念，在生活中自然地表现出自由的思考、挑战意识，以及懂得接受他人意见的包容力的时候，孩子的创造力也就会增长。

在烹饪的时候，可以尝试做做新菜或摆桌子的新方法；也可以尝试重新摆放家具或布置一下房间。和孩子一起，利用旧衣服或空瓶子制作概念玩具，也是启发孩子创造性的好方法。

父母应该在生活中自然地激发孩子的好奇心，还要经常向孩子提出一些能启发新想法的问题。关键是要让孩子积极地用新的方式、从开阔的角度进行思考。"这样做会怎么样？""没有什么好想法吗？""怎样做才好呢？""想点新主意吧。"……要用这样的方式和孩子对话。这些问题，有助于孩子进行积极的思考。这

时，对于孩子的意见、想法、话语、行为，父母应该彻底地从孩子的眼光来加以对待和理解。因为孩子出人意料的话语或行为，如果从孩子的水平来看的话，有可能导向创造性的结果。父母应该给孩子发言权，尊重孩子的想法。

多给孩子思考的机会

尽可能充分地给孩子思考的机会。不要认为自己独处的时间无用，应该给孩子充分的时间，让他有思考的余地。当孩子沉浸于思考或集中注意的时候，如果干涉他，对他说"别发愣！"或"你在干什么呢？做这个吧！""是这样做才对！"这样的话，孩子的思路就会被打断，或至少受到妨碍，因为我们不知道孩子是否正在得出创造性想法。孩子自身的想法受到干涉，会变得散漫，丧失独立思考的力量。因此，最好是给孩子一些思考的时间，最后再问孩子想了些什么，这样来和孩子进行对话。

不要给孩子灌输性别固有观念

现在的人们对于性别固有观念越来越少了。事实上，除了生理的特征和生物学上的性别作用差异以外，只有女人才能做的事或只有男人才该做的事，都是极其少数的。

没有必要从衣着、性格、行为方式、职业等来对女性和男性进行差别化。最近，开始出现男女通用的服装，开始使用"像男人的女人""像女人的男人"这样的语句等等，在性别作用方面，逐渐强调中性化。如果把性别固有观念强加给孩子，有可能使孩子发展的可能性减半。

为了不让孩子形成性别固有观念，父母的关系最为重要。父亲忽视母亲，或者所有事情都一律"男主外，女主内"……如果给孩子展现的是这种方式的生活习惯，孩子是肯定无法从性别固有观念中摆脱出来的。对于孩子而言，最重要的榜样就是父母，这一点千万别忘了。

只有懂得等待的父母才能培养孩子的创造力

要想培养有创造性的孩子，父母就应该抛弃头脑中的固有观念、条条框框式的思考方式，以及对孩子的过多期待。只有真正理解孩子出人意料的行为，并使之向创造性结果的方向引导的父母，才能够发现并正确培养孩子的潜能。

孩子绝不可能完全按照父母所期望的方式成长。父母总说，"我的孩子应该这样成长""孩子应该这样行动"……但不管父母多么焦虑不安，孩子还是会按照自己的意志来说话和行动。虽然年纪还小，但孩子们还是有自己的想法和意见。也就是说，孩子也有个性和人格。

我们做父母的，应该发挥一点融通性，保持一颗包容的心。在孩子表现出某种行为时，让我们先暂时静下心来，学会去耐心地观察。因为父母越是焦躁，孩子就越无法进行审慎的思考和判断，冲动行动的可能性就越大。

多进行类推活动

从蚊子叮人那里得到创意，制作出注射器；利用蜂巢的形状，设计出坚固的建筑；应用小鸟飞行的原理，发明了飞机；从鱼类游泳那里得到创意，制造了潜水艇。像这样，在看着一件事物的时候，联想到其他事物；或者从两个以上的对象或情境中找出共同点

第五招
培养孩子的创造性

并加以应用的能力，称为"类推"。很多的发明家都是通过这样的方法发明出新事物，类推的方法在培养创造力和逻辑思考力方面是非常有效的。

和孩子一起进行能培养类推能力的活动。先细致地观察事物的特征，从两个以上的事物中间找出类似性，再用于新事物，这样就可以。例如，圆形的饼干和瓶盖的形状很相似。这样，就有可能类推出，与堆好的积木形状相似的是公寓。也就是说，从"圆形的饼干—瓶盖"的关系中，能够类推出"堆好的积木—公寓"。

在找出类似性方面，某种理由或逻辑也是可能的。如果练习从一个现象或事物里类推出几种事物，不仅能拓宽思考的范围，也有助于培养思考的逻辑性。在和孩子一起进行几种类推活动以后，将活动清单收集起来，制作成一本书给孩子，这样就成为一本很好的类推辞典。

小贴士

给孩子意想不到的礼物

将妈妈给孩子的礼物或孩子给妈妈的礼物制成礼券的形式来使用。制作好"按摩""亲吻10次""一起踢1小时足球""制作糕点"等礼券后，妈妈或孩子在需要的时候，出示礼券就可以使用，这就成为非常有创意的礼物。父母有创意的行为越是多，孩子也就越能进行自由而有创意的思考或行动。

错误是启发创造力的最好老师

在我们经常使用的东西中，有一种称为"报事贴（post-it）"的粘贴式备忘录用纸。这种备忘录用纸是美国"3M"公司的一位产品开发者在开发强力粘贴剂的过程中遭遇失败，却从中得到灵感而发明出的产品。该公司在开发新产品的时候，即使是错误或失败也给予激励，甚至有时对失败还进行奖励。

这样的事例举不胜举。在通向成功的路上，错误在所难免。然而，父母对孩子的错误不包容，而是训斥他、逼迫他，孩子就会将自己的错误看作是失败。而且，为了不想遭到父母的训斥，孩子就只会努力去思考和说出确实的、正确的事物和标准答案。在孩子出现错误的时候，父母要利用这个机会，激励孩子理解新事物，这样就能培养孩子的创造性。要让孩子明白，错误是导向成功的最好的老师。

培养创造性的最佳育儿原则

创造性与思考力密不可分，培养孩子思考的能力

孩子们的想法是无边无际、无穷无尽的。虽然多少有些出人意料，但却有着新鲜而且不受拘束的自由。不要将父母的思想本身灌输给孩子，而应培养孩子独立思考的能力。思考的能力增长时，孩子的创造力和想象力会自然而然地变得更丰富。

思考力发展的绝佳时期，千万不要错过

所谓思考力，顾名思义，就是思考的能力，包括对给定知识的理解、运用、判断、选择、决定、解释、下结论的全部过程。思考

力可以分为拓宽我们思考领域的"创造性思考"和对想法进行客观整理并加以组合的"逻辑性思考"。

要得出某种特定的结果或解决问题，单有创造性思考不行，单有逻辑性思考也不行。应该进行多样而又具有独创性的思考，正确理解问题，并加以判断、决定、选择，最后得出结论。也就是说，应该适当地调和创造性思考与逻辑性思考，才能获得好的结具。

研究结果表明，从3～6岁，担负思考功能的大脑神经回路发展得最快。这个时期，也是语言发展的最佳时期，虽然从出生开始，思考力就不断地发展，但要到2岁以后，尤其是3～6岁之间，与语言的发展同步，思考力才有一个大幅度的增长。

大人稍有不慎，就有可能犯忽视孩子想法的错误。然而，孩子在远未开始说话以前，就已经有可能进行自我思考了。虽然还是小孩子，但他们通过自己使用的有限的语言来获得信息并灵活地加以运用。幼儿期的思考虽然还不成熟，但到了6岁以后，孩子的思考以原先累积的智力能力为基础，发展得有系统、有逻辑，甚至抽象的思考都变为可能。

培养思考能力的"对话法"

在思考力发展方面，最重要的是，孩子自己要成为主体来进行思考。培养这种能力的最佳方法就是提问、对话和讨论。当我们把"利用知识对问题加以理解、运用、判断、选择、决定、下结论的过程"称为"思考"的时候，提问、对话与讨论的过程，就在培养思考力方面成为非常有用的练习。

在对话的过程中，父母最好能了解孩子在想些什么，并适当地进行提问，让孩子思考理由或原因。提的问题要能够引导孩子自己得出结论；或者对孩子的问题提出反问，帮助他整理自己的想法并表达出来。回答孩子的提问，或对孩子的提问进行反问并讨论，能够丰富并提高孩子的逻辑思考力和批判思考力。

让孩子养成自己提出问题的习惯也很重要。与父母提问相比，孩子自己提问时，思考会变得更加丰富。这也就意味着：让孩子自己确认问题、询问意见、得出结论、了解原因，效果会更显著。父母应该为孩子创造刺激丰富的环境，使孩子经常有自己提出问题的机会。

养成创造性地解决问题的习惯

启发孩子创造力的最重要的目的，是让孩子思考解决问题的多种方法。也就是说，启发创造力，是为了培养孩子创造性地解决问题的能力。所谓创造性地解决问题的能力，指的是通过创造性的思考和批判的、逻辑的思考来解决问题的能力。要培养创造性地解决问题的能力，可通过以下几个阶段的过程来进行。

第1阶段，让孩子发现问题。得到好想法，是从把握问题的意义开始的。只有知道问题是什么，才有可能产生想要解决的动机，并最终找到解决的办法。要培养发现问题的能力，具有自己提出疑问的态度很重要，能提出像"需要替换的是什么""不方便的地方在哪里""有什么问题""是否有更有效的解决方法"等这样的疑问。

第2阶段，利用"头脑风暴法"来寻找多样的解决方法。虽然运用这样那样的方法，并在实践过程中进行修正，这样也能解决问题，但运用具体的成系统的方法来解决问题，则是更好的选择。头脑风暴法的目的正在于得出尽可能多的想法。要注意，在进行头脑风暴法的时候，不应该批评孩子的想法。孩子得到什么想法的时候，不要表现出讥笑或认为不好的表情，而应让孩子自由地思考，想出最多的方法。

第3阶段，对想法进行评价，培养判断力和决策能力。对所有提出的想法进行评价和判断的时候，应考虑"实践起来是否容易""是否实用""是否存在危险""是否经济""是否有成功的可能性""是否符合孩子的水准"等因素。让孩子列出各个想法的优点和缺点，并根据内容决定优先次序。在对想法进行评价决定的过程中，最需要的就是逻辑思考力和批判思考力。

第4阶段，让孩子通过多样的方式来表达想法。让孩子根据优先顺序，将自己决定的想法付诸实践。不论是怎样的形式，都要根据孩子的水平和能力，让孩子做他想表现的事，这一点很重要。

孩子表达自己想法或意见的方法多种多样。有通过身体动作或行为来表达的，有通过文章来表达的，有通过言语来表达的，还有通过绘画或手工制作来表达的……方法不一而足。孩子越小，越喜欢用身体动作或行为、绘画、手工制作等方式来表达，但随着慢慢成长，孩子会逐渐使用系统的、符合逻辑的言语或文章来表达。

0～3岁孩子的创造性要这样培养

帮助孩子对任何事物都进行想象和表现

孩子就像一张白纸，上面什么也没有，没有规定好的界限或固有观念，对所有事物都能自由地接受，并且想象力丰富。但由于孩子对事物的正确理解不足，有时也会混淆现实与想象，也会问出很多出人意料的问题。父母要和孩子针对生活中的事物展开多样的对话，帮助孩子对任何事物都能进行想象和表现。

想象力与语言一同发展的时期

在这个时期里，孩子对任何事物都进行想象和象征性的接受，在这样的过程中发展想象力。一个木块一会儿变成学校、一会儿变成飞机、一会儿又变成人，孩子喜欢这样的象征游戏。通过这样的象征游戏，孩子能认识实际的木块与自己想象的飞机这样的事物之间存在着怎样的差异。

孩子的想象力越丰富，越容易混淆梦与现实，该时期想象力多少有些荒唐、属于空想性质的可能性就越高。孩子对于事物的信息或知识还很不足，会提出很多问题；看到事物也会产生联想，但由于小肌肉尚未发育成熟，其表达仍显笨拙。

另外，在语言能力突飞猛进的同时，孩子的思考力也一齐迅速增长。孩子已能用眼把握事物的特征并发现共同点，能对几种事物按照不同的标准进行分类。渐渐地，孩子不仅能对形状，还能对颜色、大小、功能等进行比较，发现相同点和不同点。

这个时期的孩子，尤其喜欢自己动手做东西，希望把自己的"作品"拿给别人看并得到称赞。虽然活动已逐渐开始带有目标，但还不是有计划的行为，更多的是偶然发生的情况。

帮助孩子多提出问题

这个时期是孩子想象力萌芽并发展的时期，父母要起到促进孩子想象力发展的作用。要与孩子多进行提问和对话练习，提高孩子的想象力，还要帮助孩子将想象尽情地表现出来。

假想游戏或想象游戏是培养孩子想象力的最佳方法。父母应利用各种各样的玩具或道具，和孩子一起玩几样不同的游戏。可以进行代表成人世界的假想游戏，还可以利用玩具卡车、玩具娃娃、过家家的道具、玩具宇宙飞船、积木等来进行想象游戏。

让孩子对任何事物都保持想象力并自由地表达出来，这很重要。可以经常让孩子利用废品、玩具以及各种各样的文具来进行手工制作。先不要问孩子准备制作什么，而应在孩子制作完以后问孩子联想到了什么。由于孩子的小肌肉尚未发育成熟，在制作的时候，父母应在一旁给予帮助。这时，也不要直接为孩子代劳，而应询问孩子的意见："要贴在哪里？""该怎么剪呀？"……然后再按照他所说的去做，这样比较好。

父母应通过讲故事、读书，以及让孩子亲身体验等方式来让孩子接受知识和信息，为孩子打造想象力的平台。虽然孩子还很难将自己的想象用语言或道具表达出来，但绝不可忽视或批评孩子，而应该坚持鼓励孩子，这才是父母的智慧。

迅速培养创造性的活动

1. 用整个身体来表现

准备：内容多样的童话书。

方法：给孩子念童话书或者讲故事。在念的过程中，强调有趣的场景、悲伤的场景、发怒的场景、难过的场景，和孩子说说这些感觉。让孩子试着用脸、用身体动作、用手势将这些感觉表达出来。如果孩子的动作，妈妈也跟着做，或者两人看着镜子一块儿做，孩子的注意力和兴趣就能更加集中。并且可以向孩子提问，如果换作他是主人公，他会怎么做。

效果：让孩子对书的内容从自己的立场出发重新进行思考，这样的过程能提高孩子创造性的思考力、想象力及表现力。

2. 随心所欲搭积木

准备：正方体的木头积木若干块。

方法：让孩子用准备好的积木，搭出汽车、房子、飞机等这些他知道的事物。对于孩子的"作品"，要做出像"是个漂亮的3层楼呢！"这样的反应，给孩子以称赞。

效果：由于正方体的木头积木很难照着原样来表现事物，因此能促使孩子对多种形状进行思考并试着用积木把形状搭建出来。重要的是，父母要让孩子在用积木构造多种形状的过程中，发挥出自己的想象力。

3. 制作自己的拼图

准备：旧杂志或挂历。

方法：让孩子选择旧杂志或挂历中出现的图。图要尽可能大，而且不能太复杂，最好是孩子感到熟悉而亲切的图。让孩子将图形剪成若干块并弄乱，再让孩子试着将其重新拼回原来的样子。在拼之前，最好让孩子先预测一下要拼的是整个图形的哪一部分。

效果：将分散的图形重组为完整的图形，能培养孩子的构图能力。而对图形进行推测的过程，更是能培养孩子的推理能力。

4. 自己制作的小火车

准备：若干大小不同的纸盒子、彩色纸、剪刀、胶水、彩色蜡粉笔、多种形状的贴纸。

方法：让孩子对彩色纸任意剪裁，并将剪裁好的形状贴在准备好的每个盒子上，这样来修饰盒子。在贴上纸后，还可以用彩色蜡粉笔画上画，或是贴上各样的贴纸。在孩子对几个盒子进行了不同的修饰之后，让孩子对表现了什么加以说明。让孩子将自己想表现事物的名称写在纸上并贴在盒子上，再用线将盒子连起来，就像连接起一列火车。

效果：孩子通过尽情修饰的过程，能提高想象力和创造力。

5. 在故事里插上想象的翅膀

准备：内容多样的童话书。

方法：给孩子念童话书，并让孩子以该内容为中心，对主人公进行想象。为孩子创造机会，让他能对"主人公住的房子或穿的衣服什么样，脸或头发什么样，旁边有没有小狗，有没有小猫、家人都有谁，有几个朋友，都是怎样的朋友"等问题进行想象并尝试着表达出来。

效果：定下主题，让孩子尽情想象，这个过程能培养孩子的想象力，让孩子感受到表达的乐趣。

3～6岁孩子的创造性要这样培养

将孩子出人意料的行为
转变为创造力

孩子多少是通过出人意料的想法和行为来发展想象力和创造力的。虽然接触到这种出人意料行为的父母，有可能会感到紧张和担心，但将孩子的想象力当作谎言来加以追究是不对的。在日常生活中，将孩子出人意料的想法和行为导向创造性的父母，不仅能培养孩子的创造力与想象力，而且也是培养孩子自信心与表现力的最好的老师。

想象力变得更加丰富

从区分现实与想象、梦境开始，孩子的想象力逐渐从单纯的空想中脱离出来，向着现实性的方向发展。随着孩子对于知识、经验以及事物的认识加深，想象力也变得更加丰富而具体。尤其是对宇宙、地球、生物与非生物等的认识，成为拓宽孩子想象力的基础。

智力能力突出的孩子，想象力也很丰富，所以有时也会因为害怕新闻里出现的犯罪或台风等事件实际临到自己而感到恐惧。并且，即使是想象中的故事，孩子也会努力尝试着进行合乎逻辑的说明。

让孩子进行多样而丰富的游戏

在想象力与创造性发展的同时，孩子获得的知识和信息也在不断增多。由于实际知识或信息的影响，想象力很有可能受到限制。父母应该注意，不要让孩子被已知的事实削弱了想象力，并且应尽可能地为孩子创造能够拓宽想象力的环境。

父母要利用实际经验与书本知识来拓宽与孩子对话的范围，并让孩子练习将想象中的故事具体化。在这个时期里，游戏变得更加多样而丰富，而孩子则希望在其中独立承担主导的作用。在为孩子提供他所能尝试的多种玩具的同时，拓宽孩子的创造性，这样最好。

并且，在这个时期里，意义沟通已能顺利实现，要多向孩子提一些开放式的问题。在运用提高创造力的具体方法时，最好能在生活中加以运用。过于严厉、支配过多或性别作用固定的游戏，都会制约孩子创造力的发展，因此父母自身应努力从固有观念里摆脱出来。

迅速培养创造性的活动

1. 制作自己的报纸

准备：几张报纸、彩色蜡粉笔、剪刀。

方法：（1）让孩子直接获得触摸报纸、撕报纸等多种经验。让孩子讲讲通过报纸所能了解到的若干事实：大小、形状、颜色、吸水程度、耐火程度、重量、价格、强度、手感、原材料、撕破后的样子、用途等等。

（2）让孩子说说能够改变报纸特性或属性的方法。也就是说，可以改变大小，可以剪成其他形状，还可以上色。

（3）让孩子直接经历（2）的过程。可以制作圆形的报纸，或根据报纸内容的不同涂上不同的颜色。让孩子将介绍坏消息的栏目和介绍好消息的栏目用不同的颜色来表示并说出自己的感觉，再说明这份报纸在何时、由谁来使用比较好。

效果：让孩子直接体会一种事物如此多样的变化。孩子在直接确认"自己想出的办法或做出的尝试与别人不同"这样的结果的过程中，能够体会到成就感。

2. 这东西原来还可以这么用

准备：废品或已经不用的日用品。

方法：让孩子尽可能多地想想办法，将不用的东西及废品制作成有用的东西。让孩子说说看，怎样才能够将不用的雨伞或用完的笔记本、书、手绢、笔筒、CD、书包、篮子等用作其他用途。

效果：不停地思考的习惯能迅速提高思考力和创造力。

3. "我是料理师"

准备：主食面包、蛋糕卷、沙拉酱、番茄酱、切面包的刀、鸡蛋（煮鸡蛋、煎鸡蛋）、黄瓜、火腿、菠菜、洋葱、胡萝卜、苹果、梨。

方法：和孩子一起制作沙拉，也就算是制作料理了。让孩子选好要夹在面包里的材料，摆成几种形状，自己试着动手做做看。最好让孩子多准备几种夹在面包里的材料，并给自己的三明治起名。全部做完以后，用漂亮的碟子盛出来给大家吃。

效果：制作料理，能锻炼孩子的动手能力，并让孩子为摆花样而绞尽脑汁，是提高孩子创造力的好方法。

4. 图形变成新的样子了

准备：素描本、彩色蜡粉笔、彩色纸。

方法：让孩子在素描本上画几个圆形、三角形或四边形，再根据图形把联想到的东西画出来，例如心形或星形，以及云彩或脚印的形状也可以。在全部画完以后，让孩子说说都画了些什么、想表现什么、通过这些能想象到的东西是什么，并将孩子说的话写在画的旁边。可以让孩子将彩色纸剪下来后进行粘贴，或给图形上色，还可以先进行口头说明，再对图形进行添加修饰。

效果：能让孩子进行在标准的基础上添加想象力的练习，让孩子通过流畅性、融会性、独创性、精巧性来把握绘画。

5．"我是故事大王"

准备：简单的图。

方法：给孩子看准备好的图。最好是简单而又能使人联想到几种情况、状态或事件的图。例如，路上掉了钱包的画、餐桌上放着杯子的画、孩子托腮坐在书桌旁的画等都比较好。让孩子看着图，说说图里发生了什么情况，要多说几种可能性。在孩子说出几种情况后，向孩子提问，"那以后会怎样呢？"让孩子推测未来的情况。

效果：通过根据情况编故事的练习，类推与精巧化成为可能。通过"情况不同答案可能不同"的经验，孩子的融会性将得到提高。

6岁以上孩子的创造性要这样培养

让孩子在自己的特长方面
发挥出创造力

这个时期对孩子的创造性教育有着非常重要的意义。这是因为在幼儿园或学校的学习过程中，随着新知识的增长，孩子稍有不慎就容易染上固定的思维方式。要让孩子在日常生活中能够自由地思考，最好是养成对话和讨论的习惯。父母要帮助孩子摸索提高创造力的具体方法，直到孩子制作出自己的"作品"。

将创造性想法转化为可见成果的时期

这个时期，孩子知道的东西越来越多，思维也很容易变得僵化。知识与信息的增长，虽然有可能使得自由而有创造性的思维发展多少有些停顿，但也可能使感受性丰富的想象力得以发挥。在这个时期里，表现出显著发展的，是批判思考力与逻辑思考力。

在这个时期里，孩子能通过类推、分类、顺序化、序列化、集合、推论及问题解决的过程，进行符合逻辑的、批判式的思考；能够进行符合逻辑的叙述，并拿出资料或证据，提出可行性很强的主张。对于对方的意见，孩子已能发现矛盾，并能够有条理地指出错误的地方，这样，具体的讨论成为可能。此外，孩子还能够提出反驳，能够对因果关系加以说明。

这个时期，孩子的注意集中力和目标执著力得到提高，学习能力得到发展；希望动手制作，并得到可见成果的成就动机增强了，能够将创造性的想法转化为图画、文章、作品等可见之物。

别让孩子的思维僵化

正如我们所知在幼儿园或学校里的学习情况，在这个时期里，追求标准答案的学习变得多了起来。因此，要注意培养孩子的生活习惯，使他不至于形成僵化的思考方式，这一点很重要。

可以让孩子尝试进行如下练习：将两种完全不同的事物联系起来、使用头脑风暴法来获得想法，以及在解决问题的过程中进行创造性思考等等。另外，有必要对孩子进行系统的指导，使他在遇到复杂的问题或两三个因素掺杂在一起的情况下，能利用图形或象征绘画来尝试进行类推、分类，以及通过集合来对事物进行归类等。

　　向孩子提出问题，让孩子找出解决问题的方法，使孩子能够在数学、科学、文学等领域里进行兼具创造性、逻辑性与批判性的思考。首先让孩子认识问题是什么，在孩子提出几种解决方法后，再对这些想法分别进行评价。在此过程中，父母要通过提问与再提问帮助孩子符合逻辑地、积极地解决问题。

　　培养孩子独立思考，并持续发展自己的想法，直至获得可见成果的目标执著力与成就动机很重要。父母要为孩子提供机会，让孩子能够通过文章、绘画、手工制作、发明等来创造性地表达自己的思考。

迅速培养创造性的活动

1. 找出可以改进的地方
　　准备：书包、笔记用具、绘图纸、胶水、剪刀等。

　　方法：让孩子思考现在正在使用的书包有什么不方便的地方。将不便之处列一个清单，寻找解决方法，并利用绘图纸来尝试制作新书包。不便之处要加以改进，样式也要重新设计。让孩子想想新制作的书包都有哪些优缺点并加以说明。除了书包以外，周围可利用的素材数不胜数。

　　效果：从已有的事物出发，制作出新事物，这样的方法既能培养孩子的创造力，还能同时培养孩子的观察力与思考力。

2. 什么一样，什么不一样?
　　准备："牛奶与老虎""书与汽车""毛巾与鞋子"等由每两种事物组成一对的照片或图。

　　方法：给孩子看由每两种事物组成一对的图或照片，让孩子说出两者间的相同点与不同点。让孩子尽量将两者联系起来，得出尽可能多样的想法。

效果：寻找共同点和不同点的过程，能提高孩子的思考力。

3. 召开家庭会议

方法：父母和孩子一起开会讨论家庭里需要决定的事项。在家庭会议上，要通过头脑风暴法，为寻找解决方案收集自由的想法。并制作会议提要，按程序进行，一步步地达成问题的解决。意见经过整理之后，要贴在厨房、里屋和孩子的房间里。夏季休假计划的制订、减少家里垃圾的方法、生日宴会的布置、自己房间的修饰等问题，都可以作为讨论的主题。

效果：这是一个能具体实践如何创造性地解决问题的好机会。要鼓励孩子，让他能得出尽可能多样的想法。

4. 发现其他用途

方法：让孩子准备好某种东西，并利用"ＳＣＡＭＰＥＲ"来提问并得出想法。以围巾为例，提问方式如下：

S：能否将围巾转换成其他事物？

C：能否给围巾添加其他的功能或用途，或将围巾的功能与其他事物的功能相结合？

A：如果想在炎热的夏天使用围巾该怎样做？

M：如果把围巾的尺寸加大会怎样？如果做得很小又会怎样？

P：如何将围巾用作其他用途？

E：如果把围巾上的毛去掉会怎样？

R：如果想将围巾用在脚上该怎样做？

效果：在准备具体事物并进行提问与回答的过程中，孩子的创造性思考力得到了提高。

第 六 招

培养孩子的艺术才能

培养感情丰富的孩子

艺术才能是综合感觉发育的基础

懂得感受美并陶醉于其中，这正是艺术的感觉。培养孩子的艺术感觉，就是培养孩子能美好地生活的力量。要培养孩子在美术、音乐、舞蹈等多个领域的艺术感觉，其原因，与其说是为了让他获得一种专业技能，不如说是为了对孩子的智力发育、情绪稳定、创造性或社交能力的发展等综合感觉的发育有所帮助。

艺术有助于孩子的情绪发展

美丽的图画或是好听的音乐能使人的内心变得平静。如果培养孩子音乐或美术等方面的艺术感觉，能起到安定情绪、丰富社会交往能力的效果。

然而，培养孩子的艺术感觉，不应局限于音乐、美术、舞蹈等领域的技能教育。与反复进行乐器练习或按照进度进行绘画学习的灌输式技能教育相比，更应通过启发孩子的艺术感受性，让孩子能进行自由而有创意的思考，并获得情绪上的安定。

通过音乐或美术这样的艺术活动，不仅能培养孩子自我发展的可能性，还能培养孩子将内心中隐藏的欲求或想法表现出来的能力。通过疏解内心中积聚的紧张、矛盾、欲求，缓和对对方的防御或戒备心理，能获得情绪上的安定。

通过多样的艺术经验，孩子培养起自信心与自尊心，在体验成就感的同时实现情绪的发展。对孩子而言，情绪的安定比什么都重要，因为只有情绪上安定了，才能实现身心的顺利发展。无论孩子智商有多高，如果无法实现情绪上的发展，都会造成集中力下降，内心不安，学习效果只能降低。

培养发现美感、表现美感的能力

看到漂亮的花感到高兴，听到美妙的音乐感到愉悦，这样的孩子是幸福的。在小事上都发现快乐的孩子，在面对艰难复杂的事情时，能发挥克服困难的力量。只有能体验感受世间隐藏之美的人，才知道如何将美表现出来。

培养孩子对音乐的感受性和对美的感觉，能提高孩子创造性表现的能力。尤其是在孩子不太善于将自己喜爱的事物表现出来的情况，以及必须将心里藏着的话表现出来的情况下很有帮助。在自由的氛围下，自由地表达对多种事物的感觉的时候，创造性的思考成为可能，想象力、思考力、推理能力得到均衡的发展。

像音乐或美术这样的艺术技能活动，有均衡左右脑发展的效果。右脑对美或创造性的思考、直观的思考、感情等进行管理。右脑越是得到激发，孩子的感性越丰富，创造力和直观力越发达，艺术技能教育有助于这样的右脑活动。

音乐或美术是使人将自身内心世界表现出来的手段，这样的创造性表现正是艺术文化得以发展的原动力。艺术的才能，与其说目的是为了把孩子培养成艺术家，不如说是通过帮助孩子在多个领域发挥出创造性的力量，使他的生活变得多姿多彩。

均衡发展身体、语言和智力

从很早开始就接触音乐或美术的孩子，在注意集中力、手眼协调能力、操作能力、语言能力、数学能力、记忆力、智力等方面都很出色，表现出超出常人的认知发展水平。尤其是艺术才能与语言能力，两者有着密切的关联：如果培养孩子的艺术感觉，丰富其表现力，就能同时提高孩子的语言能力。因此，在与孩子一起进行愉快的艺术活动的过程中，父母不仅能够培养孩子的艺术感觉，还能提高孩子沟通的能力，拓展对话的范围。

特别值得一提的是，由于音乐或美术有助于孩子的情绪稳定与发育，正被积极地应用于语言障碍、自闭、情绪障碍、反应迟钝等疾病的治疗。演奏乐器、手工制作、画画等身体活动，能增强体力，提高集中力和忍耐力。

培养"与他人一起"的社会性

音乐或美术等与艺术有关的领域，不是简单地通过老师教、孩子记就能提高的。只有当孩子自己感兴趣，有想学习的愿望时，才能有良好的效果。也就是说，当培养孩子的内在需求，即通过自发的、创造性的表现活动来创造美，并与他人分享需求时，艺术才能就会自然而然地提高。

在这样自然的活动过程中，孩子学习"与他人一起"的社会性。创造性的表现活动能使孩子认识到他人是与自己有着不同的人格与个性的存在，这样就能够培养孩子尊重他人，为他人着想的社会性。特别是与他人一起演奏乐器或合唱，是让孩子学习协作精神的大好机会。孩子认识到不是只要自己做好就行了，如果自己单独行动，就会破坏整体的和谐，于是，就学会了对整体的理解及如何为他人考虑。

　　一起制作一些东西来装饰屋子的过程，能使父母与孩子的关系及孩子之间的关系变得深厚。像这样，为了完成音乐或美术等艺术活动及为了实现一种共同目的而进行相互协调的经验，能使孩子认识到人与人的性格特性各不相同，并进而去理解对方的优缺点，与他人融洽相处。

让孩子在多样的领域发挥创造性的能力

　　对于"艺术的感觉，是杰出人士的特性"这一点，美国教育心理学家哈沃德·加德纳博士作了如下分析。

　　美术才能很高的人，包括美术家、雕塑家、建筑家。这些人的审美眼光很突出，对色彩、线条、形态、形状很敏感。**也就是说，**由于视觉能力突出，他们能用图表、地图、绘画等来很好地表现时空观念，喜爱绘画或者手工制作。

　　音乐才能突出的人，包括作曲家、演奏家、歌手等。他们对声音、节奏、振动等音的世界很敏感。并且，音乐表达与鉴赏的能力出色，喜欢以音乐形式出现的所有事物。这些人不仅对语言的刺激与声音敏感，而且对非语言声音的感觉也很敏锐。例如，音乐智商高的人，对于脚步声、开门声以及从远处传来的很细微的声音等都能敏感地反应。

　　艺术才能突出的人，虽然也有些成为音乐家、作曲家、画家、设计师等专门的艺术家，但更多的，则是通过广播、话剧、视频音乐、电视剧、建筑、装潢、时尚设计、室内装饰、书籍设计、摄影等，将兼具创造性想法和艺术感觉的才能以多种形式表现出来。在我们周围的很多领域中，都需要这样的创造性艺术才能。因此，培养孩子的艺术才能，不单是为了让他成为艺术领域的专家，更是为他在多样的领域中进行创造性活动打下坚实的基础。

我的孩子具备何等程度的艺术才能

具有艺术才能的孩子，从很小的时候开始就在这方面表现出与众不同的感觉。电视或收音机里放出来的歌只听一两遍就能正确跟唱的孩子、能很好地模仿其他人或动物的孩子、能很好地捕捉动物或事物的特征并喜欢用绘画或手工制作加以表现的孩子，可以看作是有艺术的感觉。

让我们利用下面的清单，来适当了解一下自己孩子所具有的艺术才能。各项适用于3岁以上的孩子。

孩子艺术才能检测清单

1.音乐才能

(1)给孩子听音乐，孩子会感到平静和愉快。

(2)对声音敏感，对吵闹的或尖锐的声音、细微的声音都表现出敏锐的反应。

(3)对音调、和声、节奏反应敏感。

(4)与其他孩子相比，更喜欢节奏复杂且多样的歌曲并能很好地跟唱。

(5)对听过一遍的歌曲或音乐的曲调、乐器的音能很好地记忆并轻松跟唱。

(6)喜欢将歌曲改变音调或编成新的旋律来唱。

(7)喜欢用玩具、家具、厨房用品等来制造声音或者打拍子。

(8)从很小的时候开始，就能较为正确地跟唱歌曲。

(9)能够轻松学习并喜爱演奏乐器。

(10)对与音乐相关的活动精神集中，不易产生厌烦。

2.美术才能

(1)多少有些沉默并且独立。

(2)喜欢绘画、书法、漫画。

(3)对色彩的感觉突出，能选择多样的颜色，并赋予颜色意味。

(4)喜欢有着多种颜色和花纹的图画书、玩具、衣服等。

(5)喜欢动手做这做那或者制作立体的东西。

(6)经常听人夸奖说手巧。

(7)能够较为细致地画出写实性的图画或表现自己想法的图画（例如，能很好地将漫画电影里或动物园里看到的东西照原样画下来）。

(8)觉得用绘画将自己的想法表现出来，比使用言语或文字更为方便。

(9)能清晰地记得梦见的内容或很久以前参观过的景点。

(10)能够很轻松地发现并描绘视觉的模式或形态、图形的形状。

检测结果

符合项目在7个以上：艺术才能非常突出。如果父母能为孩子提供音乐或美术中能发掘其特长领域内素质的环境，孩子就能发挥出与众不同的能力。

符合项目在5～6个：属于艺术才能较多的孩子。如果能为孩子创造培养其坚持不懈的艺术探索活动和艺术感觉的环境，孩子的艺术才能将得到很好的发展。

符合项目在4个以下：属于在艺术才能方面没有什么特别天分的孩子。然而，如果为发展孩子的艺术感觉，坚持给他基础刺激的话，也能培养孩子的艺术才能。

培养艺术才能的最佳育儿原则

用音乐培养孩子的感性

从胎儿起就一直听着美妙的音乐和妈妈温柔的声音长大的孩子，和听得很少甚至根本没听的孩子相比，大多音乐才能更加优秀。而且，不单是音乐，在语言能力、创造性、记忆力、集中力等方面，也发育得更为良好。其中，最值得关注的事实是，越是经常接触音乐的孩子，EQ（情商）就越高。

让孩子在生活中自然地接触音乐

虽然每个专家的见解都略有不同，但孩子在满3岁以前，就已经熟悉了绝对音感的90%以上，则是大家的共识。所以说，音乐的感觉是在小时候，尤其是满6岁以前形成的。

要培养孩子的音乐才能，从小就为孩子创造能够亲近音乐的环境很重要。如果从一开始就把音乐当作一门学问来进行教育的话，孩子就会由于对音乐的负担感和排斥感，而无法顺利地发展音乐方面的才能。

要培养音乐的感觉，最好是从子女很小的时候开始（如果可能，从一出生就开始）就让他接触音乐。听着音乐睡觉，听着音乐醒来，让孩子对音乐感到亲切，就好像生活的一部分。带孩子去音乐会欣赏不同风格的音乐，或者让孩子在生日或圣诞节的时候唱歌，在生活中自然地接触音乐。

如果父母喜欢唱歌，或者能够一起演奏钢琴或弦乐器这样的乐器的话固然更好，但如果做不到，即便是通过唱片，也要经常给孩子听音乐。古典音乐、童谣、民乐……什么风格都行，有动物或大自然声音的唱片也非常好。

还可以根据孩子的情绪或情况，给孩子听不同的音乐。例如，在玩得开心的时候，听明朗轻快的曲子，在休息或睡觉的时候，听平静温馨的音乐。音乐声开得太大，或者很早就让孩子通过耳机来大声地听音乐的话，可能会对听觉功能造成损伤，这一点要注意。

让孩子对声音加以倾听

很多父母认为，要培养音乐才能，从钢琴这样的乐器开始教比较好，于是不管三七二十一，就把孩子送到学习班。但是，音乐才能的培养应该从听觉的敏感度和感受性开始。

尚在母腹中的胎儿听到妈妈的声音就会感到平安；1个月大的新生儿能分辨妈妈的声音和周围其他声音——听觉从很早的时候起就开始发展了。因此，越是从小开始就给孩子多样且恰当的音乐刺激，孩子的声音感觉就越是发达。

对于孩子而言，最好的听觉刺激就是妈妈、爸爸的声音。尽量多与孩子交谈，让孩子听各种各样的声音：愉快爽朗的声音、低沉厚重的声音、逐渐高亢的声音、忽长忽短的声音……通过变换声音给孩子听，让孩子能对声音加以比较，这也成为很好的刺激。

让孩子倾听生活中的声音也是很好的听觉刺激。脚步声、做菜时发出的声音、电话铃声、电视声、雨声、雷声、钟声、风声等，都让孩子听听。在听各种各样声音的过程中感觉声音的差异，能够提高孩子听觉的敏感性。

能够发出音乐声的器械或玩具，也能成为很好的刺激。只是像电子音、嘈杂的声音、撕裂的声音、粗暴的声音、金属撞击的声音等应该避免。从小就给孩子听大自然发出的声音或音程正确、富有音乐性的曲子，这样比较好。

如果能与孩子一起听几种声音，并让孩子有机会说明这些都是什么声音、听了有什么感觉、声音的不同之处在哪里，喜欢怎样的声音，这样就更好。父母要通过多样的方法，让孩子体验尽量多的声音，培养孩子的听觉与音乐的感受性。

让孩子喜欢上音乐本身

"拍拍巴掌，转个圈，拍拍大腿，转个圈……"

和孩子一起边唱歌边运动，这样对培养音乐感觉没有什么效果吧？虽然很多人也许会这样想，但事实并非如此。韵律操不仅能发展孩子音乐的才能，而且能促进听觉、视觉、节奏感、身体的全面发展，从而使模仿学习成为可能。

让孩子仔细倾听并跟上节奏，或试着做个演奏家或指挥家。可以拿着小棍子或者铅笔当指挥棒，对应着拍子来指挥；也可以敲击木琴、节奏乐器或钢琴这样的键盘乐器，模仿演奏家的姿势，就好像在演奏一样。在听童谣的时候，父母与孩子面对面，可以对应着拍子来唱歌，或者玩球、拍手游戏等。如果能用身体来表现听音乐过程中所产生的感觉，或者跟着音乐来做韵律操，可以得到提高想象力、节奏感与表现力的效果。

引导孩子按照"听节奏—听和声—听歌曲—听音乐—听旋律—演奏乐器"的顺序自然而然地发展，这样比较好。音乐的基础是节奏，由于节奏与身体及语言发展也有着密切的关系，因此听过很多音乐的孩子能够在几个领域里获得均衡的发展。

如果孩子乐器演奏得好或者歌唱得好，要经常为他提供在其他人面前演唱或演奏的机会。可以让孩子参加教会的儿童唱诗班或儿童合唱队，可以在家里召开小型音乐会，还可以在奶奶寿辰的时候，让孩子演唱前一段时间练习过的歌曲，为孩子创造能够发挥音乐才能的机会。在为自己的实力感到自豪，并从他人那里获得称赞和鼓励的过程中，孩子们的音乐才能得到了发展。

听多样的音乐，培养艺术的感觉

孩子也能充分地欣赏磁带或CD里放出来的音乐。只是由于孩子的集中力比成人弱，所以最好还是选择不长的曲目。刚开始的时候，可以给孩子听节奏乐器的声音或旋律优美而简短的音乐小品。在给孩子听长乐曲的时候，最好只给孩子听前面主旋律部分3～5分钟以内的段落。例如，像《命运交响曲》或《悲怆交响曲》这样的乐曲，只给孩子听前面的部分。

父母与孩子一起安静地坐着听音乐的时候，让孩子随意谈谈有怎样的感觉，有什么样的想法。在听过几遍以后，有的孩子会从情感上说是"悲伤的"或是"愉悦的"，有的孩子则会说"喜欢"或是"不喜欢"。在孩子还不怎么理解的时候，问问孩子"这音乐还好吧？"也不错。感受性敏锐的孩子、喜欢创作类童话书的孩子以及已经上小学的孩子，感情表现会更具体一些。

对于标题、作曲家以及乐曲，如果按照孩子所能理解的水平加以说明，有助于孩子加深对该乐曲的理解。例如，在让孩子听圣·桑的《天鹅》的同时，给他念《丑小鸭》的童话书，就能使天鹅的形象浮现出来。对于轻快的行进曲风格的乐曲，父母可以让孩子把自己想象成指挥家或演奏家，或哼唱旋律，或拿着铅笔，摇动双手，或照着拍子和音调，边听边做身体运动。

在音乐方面有才能的孩子，在唱歌、猜声音、记忆并跟唱音律及节奏等方面，表现出较高的天分。如果家里有钢琴或节奏乐器，父母直接演奏所欣赏音乐的节奏和旋律给孩子听，或者让孩子记住音并演奏出来，这些都能增加音乐欣赏的乐趣。音乐欣赏，不是死记硬背的理论课程。只要是父母和孩子一起听音乐，感觉到音乐有意思、很美、很好，这样就足够了。

培养艺术才能的最佳育儿原则

用美术培养孩子的创造力和想象力

对美感觉敏锐的孩子，即使是画同一主题的画，也经常能有与众不同的表达。在多大程度上能够进行自由而有创造性的表达，成为衡量对美感受能力的标准。为了培养自由而有创造性的艺术感觉，需要多看、多体会。从孩子很小的时候开始，父母就要在墙上贴上大张的纸，让他能随意涂鸦；或者让孩子经常和妈妈一起进行手工制作，这样为孩子创造能培养美术感觉的环境。

把孩子周围变成充满美的环境

据说，以色列的妈妈，一天要换好几次不同颜色的衣服。她们说这是为了让孩子接触多样的颜色，培养美的感觉。像这样，要培养孩子美的感觉，父母该做的第一件事就是，为孩子提供美的刺激与环境，让孩子获得多样的经验。

孩子通过五种感觉经验来发展自己的才能。即使只是作为像"让孩子在生活中接触多种不同的颜色"这样为孩子创造美的环境的手段，美术教育也是必要的。如果能通过让孩子看绘画或雕塑作品、制作模型、尝试创作几种不同的作品、装饰家居、摆设家具、和谐地搭配衣服颜色等方法在生活中进行美的活动就更好。

能为孩子提供的美的环境有好几种。可以将好的图画书读给孩子听，可以让孩子看由几种颜色组成的图画，还可以到户外欣赏青草、树木、花朵、天空、云彩等自然风景。没有什么美的环境能比得上有着美丽色彩的大自然。因为由多样的形状、颜色和质感形成的自然的调和，是任何人为的作品都无法比拟的。

小贴士

美术教育从几岁开始好呢

　　和音乐才能相比，美术才能更不易被发现。因为它是随着小肌肉的发达，表现在一定程度上变得可能的过程中显现出来的才能。因此，一直观望，直等到孩子长大，这是不对的。由于美术教育不单是为了发现和培养才能，在情绪和认知发展等几方面也是必需的，因此最好尽早开始进行多样的活动。尤其是从小肌肉发育活跃的4~6岁开始，一直到小学低年级，是启发孩子美术才能的最佳时期。

通过多样的材料，让孩子拥有多种不同的经验

　　在教育孩子方面，最重要的是让孩子自己感觉到兴趣或必要，美术教育也是如此。在进行能激发孩子兴趣与需求的多种活动的过程中，要鼓励他的成就动机。

　　孩子越小，越要运用多种不同的方法让孩子接触美术，例如多用线条来作画、手工制作、装饰、上色等。让孩子尝试运用不同的颜色、形态、形状，让他进行触摸、揉搓、描绘、上色、涂鸦、用

手指作画、撕扯、压印、剪切、粘贴、泼洒等多种活动。

另外，还要使用不同粗细的毛笔或铅笔，让孩子感觉到细微的差异。如果能让孩子使用彩色蜡粉笔、铅笔、粉笔、颜料等，就更能让孩子感兴趣了。根据不同的情况，为孩子准备适合的材料，也能看出孩子是否对美术感兴趣，是否具有美术方面的才能。

可以在一面墙上贴上大张的绘图纸，让孩子尽情地涂画；可以辟出房间的一角，让孩子无论何时都能自由地进行美术活动；可以为孩子提供随意揉捏黏土的场所；还可以为孩子预备专门用来折叠彩纸、制作作品的空间。孩子在自己的表现空间里，能更好地发展创造性的艺术感觉。

美术教育能增进孩子的创造力、集中力、空间知觉力，最好是尽早开始。只是注意要在孩子感到愉快的时候进行，这是最重要的。在愉悦的状态下实现的美术教育能为孩子注入艺术的感觉，自然地提高孩子的才能。

让孩子自由地表达个性

绘画、制作、装饰的能力是在孩子小肌肉及手眼协调能力发展的过程中同时发展起来的。而表达自己想法的方法，则根据孩子的发育程度、年龄、性别、性格及周围环境的不同，表现出不同的特征并得到发展。从2岁开始，孩子就能用手拿着彩色铅笔或彩色蜡粉笔随意挥舞，进行以线条为主的涂鸦这样的"绘画"了。到了3～4岁，线条变得稍稍更有力、更分明，但画的是什么，别人还是很难看出来。然而，这个时期的孩子，已经能用言语来说明自己的画表现的是什么，因此父母要注意保持倾听的姿态。

经过这个阶段，孩子在认知能力发展的同时，会表现出临摹事物的倾向。这是因为孩子希望通过证明自己能够将眼睛所看见的事物照原样画下来，来确认自己的能力。但是，即使是孩子想要把眼里所看见的事物照原样画下来，父母也要指导孩子，使孩子能够自由地表达自己的感情和需求，这样才好。

在孩子固执于临摹式的绘画时，父母要帮助孩子，使他能够画出富有想象力与创造力的、带有自己个性的画。例如，在孩子想画动物或人的时候，有必要引导孩子画"样子可怕的狮子""你所想的、只有你才能画的或者你印象最深刻的狮子"。也就是说，要让孩子明白，与其对事物进行单纯的摹仿，不如发挥自由的想象力，想象"正在……的动物""正在……的人"，这样更能画出意义丰富的画。

每个孩子喜欢的颜色、爱用的美术工具、表现的风格、绘画的主要素材都各不相同。因此，即使孩子与其他孩子或父母的想法不一样，父母也应承认孩子的个性。因为在尊重孩子个性的时候，孩子的创造性表现会变得丰富。

孩子越小，自我表现越率真，也就越能自由地表达出自我的内心世界及看待事物的独特视角。反而是在逐渐成长的过程中，通过这样那样的教育，孩子的表现变得千篇一律，这样的情况很多。"这是什么？""这个为什么这样画？""这颜色为什么是这样？""哪有这种颜色的天空？"……如果父母这样干涉，孩子就会对父母的话加以注意，而将天空画成蓝色、将头发画成黑色、将土地画成黄土色等等，渐渐就画成定型化的画了。

在培养美术才能方面，最该注意的一点就是，要实行"能够激发孩子的个性，使孩子的表现富有创造性"的教育。在将孩子送到像美术学习班这样的地方接受专门教育之前，最先应该考察的就是，这个地方是否尊重孩子的个性，并能给予指导，使孩子的个性得到充分的发挥。

在选择美术学习班的时候，一定要考察这个地方是否不仅能画画，还能利用多样的素材来进行多种不同的活动。如果美术教育仅仅是在固定的框架内向孩子传授僵化的形式，有可能挫伤孩子的个性与创造性，这一点一定要牢记。

让孩子的画自由而又富有想象力

美术教育应该成为培养孩子的想象力和创造力，能让孩子尽情展现自己的创意的"综合教育"。要让综合的美术教育成为现实，承认孩子的个性并给予鼓励这一点很重要。为了让孩子画出自由而又富有想象力的画，父母应当注意如下事项：

对孩子的画要不惜赞美。即使孩子的画表现什么不易理解，或者看起来很奇怪，父母也应该承认孩子的思考并给他鼓励。并且，在从父母的观点出发来进行判断，做出"这样的画不好"或"不要用这样的颜色"等批评、比较、评价时，一定要慎重。这会使孩子染上固有观念或画定型化的画。相反地，要用"真是有趣的画呀！如果再稍加努力，能成为非常棒的画呢！"这样的话来给孩子以温暖的鼓励。

画画的是孩子，父母不可为之代劳。偶尔也会碰到向父母撒娇，要父母帮着画画的孩子。但是，父母在帮助孩子画画的时候，一定要慎重地判断后再行动。如果是孩子表现起来很困难的地方，稍微帮一点忙或者稍加指点这没什么，但对画进行修改、重画，甚至干脆一开始就帮孩子画，这绝对不行。稍有不慎，孩子就有可能产生"因为我没有妈妈（或爸爸）画得好，所以我在绘画方面没有自信"这样的想法。画不好就画不好，画得好就画得好，让孩子自己来画。

经常和孩子对话。孩子经常会陷入该画什么、该制作什么、怎样制作这样的苦恼中。这时，要和孩子进行开拓想象力的对话，培养孩子将想法具体表达出来的能力。通过和父母交流自己读过的童话书以及与伙伴们进行的游戏的机会，孩子可以发现绘画或手工制作的素材。

和孩子进行能够丰富素材的对话。在与孩子进行关于绘画的各种交流的过程中，要为孩子提供机会，使他能够更加丰富地表现绘画。例如，当孩子结束游戏，想用绘画来加以表现的时候，要通过问孩子"和小朋友玩什么了？""什么游戏最好玩？""怎么玩呢？""制作了什么？"这样的问题，帮助孩子画出内容更为丰富的画。将孩子完成的作品展示出来，或者专门制成作品集，让孩子有机会对自己的作品进行直接评价，这样也很好。

鼓励孩子，使他的视觉变得敏锐而丰富。如果孩子只想画简单的画，父母就要帮助孩子把画画得更细致。首先，要给孩子刺激，使他能够很好地把握事物的特征，帮助孩子提高视觉敏锐性、感受性及观察力。观察的时候，也不要说"一起看……吧！"而要具体地说"一起来……地看看什么吧！"也可以反问孩子"……（谁）在干什么？""……（什么）怎么样？"

小贴士

如何使用上色书

小孩子最初进行的美术活动之一，就是给"上色书"上色。上色书在孩子对绘画还不熟悉或对绘画没有自信的时候，以及手部力量虚弱需要练习的时候，有一定的帮助作用。但是，像"在画好的框架里上色"这种程度的绘画活动，无法导出创造性的思考，所以只能在必要的时候适当地运用。在使用上色书的时候，与其让孩子完全照着要求来画，不如让孩子在原有的画上添加一点内容，或尝试进行细致的描绘，还可以与装饰这样的活动一起进行，这样就与创造性的活动联系起来了。

让孩子欣赏种类多样的绘画作品

要培养美术感觉，视觉的刺激与直接进行绘画或手工制作的练习一样重要。在展览会、美术馆、博物馆里，展示着风格各异的画家的作品。父母可以经常带着孩子去附近的美术馆或博物馆，欣赏各样的绘画作品。最近，出了很多著名画家的画册或挂历，所以即使不支付昂贵的价钱，也能欣赏到非常多的绘画作品。另外，在家里的各个地方贴上几个画家的画，并向孩子说明这些画，也是一个好办法。

在给孩子看美术作品的时候，不管怎么样，父母的趣味或偏见都会起作用。喜欢现实主义风格绘画的父母，会对想象力丰富的抽象画作出低评价；而另一些父母，只要是名家的画，则不管三七二十一，都给予肯定评价。父母要克服这样的偏见，不管是现实主义风格的画还是抽象画、非具象画、风景画、人物画、静物画等，不要偏废，都要给孩子看。

孩子喜欢由多样的色调和有趣的内容所构成的绘画。因此，没有必要执著于特定的绘画风格。不仅是绘画、版画、雕塑、摄影、书的封面设计、明信片的式样、家具的装饰、独特的纹路或设计、壁纸的花纹等等，都可以让孩子进行观察。养成对所有眼睛所看见的事物进行欣赏的习惯，正是欣赏美的要领。

如果有机会，让孩子直接参观作画的过程，也能成为很好的经历。如果常去公园，很容易看见搭起画架作画的人。看到人们作画的样子，也会给孩子带来新鲜的刺激。

培养艺术才能的最佳育儿原则

培养孩子艺术感觉的生活刺激法

要让孩子成为优秀的艺术家，虽然天生的资质和才能是必需的，但为孩子提供能够将素质和才能转化为能力的环境也非常重要。而父母，在这方面起到了最大的作用。如果考察一下优秀的艺术家从父母那里接受影响的事例，就更加明白不过了。在艺术才能方面，父母的关心和教育起到了绝对作用，这是任何其他方式都比不上的。

用自由的思考方式来激发孩子的潜能

要培养孩子的艺术才能，首先父母自身的思考方式应该灵活。如果父母自己都抱有定型化的思考方式，孩子也就会变得思维僵化。父母过多地干涉孩子的服饰或发型，或者强制进行死板的教育，都会限制孩子的思考，最终会导致孩子在绘画、音乐等艺术领域里无法发挥出自己的个性。

喜欢绘画或手工制作的孩子，房间一般都会比较脏、比较乱。而父母应该为孩子创造的环境就是要让孩子感到一种心理的自由，即使把房间弄得很乱也不要紧，就算随意涂鸦也没关系。当然，这并不是说房间乱了也用不着收拾，这只是意味着，如果父母总是要求孩子保持房间的干净整洁，不允许家里有一点乱，孩子就很有可能因为活动受限而无法正常地发挥出本应有的艺术才能。

想象与思考是人类独有的自由。但是，父母定型化的思考方式有可能使孩子的思维受到限制。这也不行，那也不行，这件事要这样做，那件事要那样做，像这样"一对一的逻辑"或"非黑即白的逻辑"会使孩子变得消极。尤其是对于在艺术方面有天分的孩子而言，父母的自由思考和理解是绝对必要的。

要有一颗忍耐的心，懂得期待孩子成长

艺术感觉突出的孩子，不易忍受教条的正规学习的过程，不愿

把自己的想法限定在固定的框架里。这时，父母就需要有一颗忍耐的心，即使孩子有一点出格，有点不符合父母的心意，也要尊重孩子的意思。要避免在孩子的成长过程中过多干涉，应该保持懂得等待的忍耐的心，直到孩子清楚自己想要达到的目的。

另外，父母还应该抛弃那种期待孩子的才能立刻有很大长进或马上获得认可的急躁症。如果父母总是对孩子的画是否贴在了教室的后边、是否获得了老师的称赞念念不忘，孩子就会对父母的过分期待感到负担，无法正常地发挥出自己的才能。

虽然要给孩子自由，但也不可听之任之，应该培养孩子的责任感。不可放任孩子成为不管他人，只顾自己，只知满足自我欲望的不成熟的人。真正的艺术教育，应该在培养孩子才能的过程中，同时实现人格的成熟。

通过旅行来丰富经验

旅行给予人们宝贵的经验，使人们能够重新审视平时认为无关紧要的事。事实上，很多艺术家都对旅行抱有憧憬。他们通过经历陌生的地点、陌生的自然风景、陌生的生活习惯、陌生的风俗或气候，来获得艺术的灵感。在优秀的音乐或美术作品中，表现旅行经验的很多。

旅行能让人欣赏到新的景致，感受到完全不同的氛围，因此能为艺术家提供多样的素材和灵感。即使是同一片天空，在每个地方，它的色彩和感觉都不一样；即使是同一片海洋，西海、东海或是南海，所传达的感觉也各不相同。这样的经验只有通过旅行才能获得。旅行能使孩子获得探索和思考新事物的经历，让孩子以新奇的目光来看待陌生之地，感受大自然的雄伟、瑰丽与神秘，因此是培养孩子艺术感觉的很好的催化剂。

通过在旅行地接触新事物而获得的鲜活的感觉，让孩子超越时间和空间，在想象的世界里遨游。这样的刺激，不仅能丰富孩子的想象力，还让孩子有了经历其他新世界的需求。

旅行归来，还要对多样的经验进行总结，这也很重要。让孩子说说觉得什么好，对什么印象最深刻，哪里觉得不方便，什么地方还想再去看看等等，并将旅行地的经历好好地整理成文字，作为培养艺术感觉的素材。

让孩子接触多种不同的艺术领域

据说大提琴演奏家张汉娜女士的父母不仅教女儿大提琴，而且还让她尽可能多地接触音乐、文学、美术、舞蹈等风格多样的艺术形式。因为他们认为，要发展音乐的感受性，单听音乐是不够的。如果孩子拉小提琴，就只让孩子听小提琴曲，只演奏小提琴一种乐器，经验就太受限制了。同样的道理，要培养美术的才能，也不能只让孩子进行美术的活动。

艺术的感觉在实现文学、音乐、美术、舞蹈的融会贯通后，能获得最好的效果。要使孩子的艺术感觉变得丰富，应该让他喜欢上文学、音乐、美术、舞蹈等多样的艺术形式并能在这些方面均衡发展。要尽量让孩子多读书，要多给孩子讲生动有趣的故事。此外，还有必要让孩子听多种风格的音乐，接触东洋画、西洋画、雕塑、版画等从古典到现代的多样的美术作品。

文学、音乐、美术、舞蹈等，只是表现方式不同，在创造性地表现自我的内在世界方面，则是一致的。让孩子将读过好文章后的感动用音乐或美术表现出来，或者将听音乐的感觉用肢体语言、文章或绘画的方式加以表现并制作成图画书，这也能成为培养孩子综合艺术感觉的绝好方法。

将孩子的作品制作成明细单

如果将孩子手工制作的作品、画的画、演奏过的音乐整理成明细单或者开一个展示会，会起到很好的效果。从他人那里来的称赞与鼓励，会成为增强孩子自信心的良好的刺激剂。孩子画的画或手工制作的作品，如果拍成照片，或者利用数码相机上传到电脑上，就能够长期地保存，在需要的时候可以拿出来看。而一些好的作品，如果直接制成剪报的形式，将成为很好的纪念，同时还能一目了然地把握孩子艺术才能发展的过程，可谓一举两得。

虽然制作明细单或开展示会，多少会有些麻烦，而且需要时间和金钱的投入，但是效果非常好。不仅能使孩子获得对自我的认可，而且使父母与子女的关系变得更加深厚。

0～2岁孩子的艺术才能要这样培养

让孩子在生活中聆听、触摸，用五觉去感受

培养孩子艺术感觉的最重要目的是为了丰富孩子的感性。这个时期的孩子就像海绵一样，吸收事物的能力非常突出。因此，父母要尽量为这个时期的孩子提供能够激发好奇心与兴趣的环境，使孩子能够在生活中体会声音的感觉，并提高对色彩的敏感，这比实际的艺术技能教育更为重要。

五觉发展迅速，善于模仿

随着视觉的迅速发展，孩子开始利用色彩来分辨事物，表现出喜欢明亮色彩的倾向。孩子从偶尔有点形状的胡乱涂鸦开始了自己的"绘画生涯"，经常画一些没有明显形状的歪歪斜斜的直线和曲线，还有像圆一样的东西。

另外，随着出生后一年期间听觉的快速发展，孩子已经能够分辨出声音的大小和高低。这个时期的孩子，通过对他人的行为进行模仿来实现认知的发展。尤其是对父母的一举一动，孩子非常敏感并且能模仿得很好。

孩子已经会跟着节奏，做拍拍手、跺跺脚这样的简单韵律操了，而且喜欢对东西敲敲打打，弄出些声音来。尤其是对音乐，孩子能做出很好的回应：如果放音乐给他听，他的表情会霎时变得明朗；而听到熟悉的音乐，心情更是会变得愉快。

利用道具来丰富孩子的五觉经验

要在生活中丰富孩子的五觉经验。从家里的噪音到古典音乐，各种各样不同的声音，都要让孩子聆听并感受。单纯的简单的节奏、动作、声音，最好让其直接进行模仿。

敲锅、摇铃、鼓掌、跺脚、摆手、移动身体……让孩子边听声音边用动作加以表现。如果有像钢琴这样的键盘乐器，让孩子直接听听"1、2、3……"的音，也是不错的方法。这个时期的孩子，能够集中注意力的时间很短，容易产生厌烦，因此父母要在声音的高低、强弱、长短、音程、音色上加一些变化，让孩子保持关注。特别需要提到的是，孩子最喜欢的声音是妈妈柔和的嗓音，如果妈妈能直接唱歌给孩子听，那就再好不过了。

父母可以用明亮而又柔和的色调来装饰孩子的房间；可以给孩子看简单而又自然的大幅绘画并加以说明。天气好的时候，可以带孩子到户外去，让他亲眼看看大自然的颜色。另外，可以让孩子用手蘸上颜料直接印在纸张或碎布上；还可以让孩子亲手摸摸不同手感的材料。所有这些都能丰富孩子的五觉经验。

这个时期的孩子，一旦想要画画，就不管是墙壁还是地板，都直接在上面画；因此，为孩子创造无论何时都能自由绘画的环境很重要。例如，可以在墙上贴上非常大张的纸，让孩子能够在上面尽情涂鸦。

迅速提高艺术才能的活动

1. 跟着我一起做

准备：铃鼓或响板这样的节奏乐器，或者是敲击时能发出声音的厨房用品。

方法：父母给孩子听声音，并让孩子模仿。首先让孩子听节奏乐器或厨房用品发出的声音，让孩子模仿那声音。在孩子熟悉后，再掺杂大声、小声来让孩子模仿，逐渐由易到难。

效果：模仿妈妈声音的过程，让孩子将注意力集中在听声音上；而试着自己发声的过程，能提高孩子对声音的感觉。

2. 听听是什么声音

方法：让孩子听鸟鸣声、钟声、汽车声、动物叫声、水滴声等周围的多种声音。用磁带把声音录下来给孩子听，也是一个办法。在让孩子听声音的同时，最好把发声物体——鸟、钟、汽车、动物——的画也同时给孩子看。还可以直接带孩子去动物园观看动物、听动物叫声，这能成为培养孩子声音感觉的宝贵经验。

效果：要培养声音的感觉，并不是一定要有乐器。生活中能听见的声音，也能让孩子对声音变得敏感。

3．不管是什么，让孩子用手摸一摸

准备：纸、瓦楞纸、铝箔、碎布等多种材质的物品。

方法：让孩子在多种材质的物品上直接涂抹上颜料或面粉糊并用手揉搓。要准备大张的纸，让孩子尽情揉搓，玩个痛快。

效果：孩子在体会各材质不同点的过程中，感觉变得丰富了。

4．用嘴发出声音

方法：妈妈用嘴发出声音，让孩子来模仿。"啊—啊，啊啊—啊，啊啊啊啊啊"，妈妈发出印第安人的声音，让孩子试着模仿。这时，如果用手来提示声音的变化会更有意思。可以让孩子试着边打拍子边发出声音，或者一边改变节拍，一边发出声音。在与孩子一同洗澡时，让孩子用手拍水，发出声音，这样的游戏也很有趣。

效果：听自己制造出来的声音，有助于孩子对声音产生亲切感，熟悉对声音的感觉。

2～4岁孩子的艺术才能要这样培养

通过生活中多种不同的经验
来培养孩子的艺术感觉

对于无论什么都喜欢模仿的这个时期的孩子而言，让他通过艺术活动，将自己的想法创造性地表达出来并感到愉悦，这比什么都重要。由于在哪个领域具有特长还不是特别分明，父母要帮助孩子通过多种不同的经验，培养尚处于萌芽状态的艺术才能。

无论什么都爱模仿的时期

这是培养孩子艺术才能的最佳时期。无论是什么，孩子都爱抓在手里；喜欢画画；对声音或节奏的模仿行为增多了。

随着小肌肉的发育，孩子已能熟练地画出线条、圆或斜线；同时也有可能进行剪裁、涂胶水、粘贴等美术活动；开始有自己喜欢的颜色，能较好地为给定的形状上色。在这个时期里，孩子使用整只手甚于使用手指。

在这个时期里，孩子对行为、声音、节奏的模仿行为变得可能，已经能够跟着唱简单的歌曲了。孩子已经能记住爱听的歌曲或旋律，还能配合音乐唱歌、跳舞。

通过具体的活动，让孩子接触音乐与美术

要通过具体的活动和经验，培养孩子的艺术感觉。也就是说，不要只停留在听歌的水平，而应让孩子在灵活运用节奏乐器或直接唱歌的过程中，同时熟悉节奏与歌词。如果可能，让孩子直接听听钢琴、小提琴这样的乐器声也不错。在这个时期里，父母应致力于让孩子熟悉节奏、拍子、乐感、歌曲等，多多感受音乐的氛围。

给孩子看壁纸、瓷砖等周围环境中的花纹、样式、设计；让孩子多用手来进行活动，以此熟悉和感受触觉。由于孩子的手眼协调能力尚显不足，要进行细致的活动还很吃力，所以应通过使用道具或使用整只手的游戏，来培养孩子的协调能力。盖手印、印图形、捏黏土等能用手自由地触摸、揉搓的游戏，最好让孩子经常玩。

要让孩子用彩色铅笔或彩色蜡粉笔随心所欲地画线条、圆，还有很大的图画。由于这个时期孩子还不能准确地呈现绘画的形态，

最重要的是让孩子获得尽情绘画的经验。可以在墙上或地上贴上一大张纸，让孩子在上面尽情涂鸦，同时要多给孩子称赞和鼓励，让孩子能够对美术抱有自信和热情。另外，还可以通过用吸管或直接用嘴来吹颜料、将纸剪成树叶或蔬菜的形状并印上花纹、盖手印、用碎布制作滚筒、裁剪并粘贴等方法来激发孩子的艺术兴趣。

迅速提高艺术才能的活动

1．用几种声音来制造节奏

准备：铃鼓、响板、小鼓等乐器。

方法：父母制造出几种节奏，让孩子先进行模仿，再自己随心所欲地制造节奏。父母要注意，速度要时快时慢，有所变化。如果是利用小鼓，还可以进行新的尝试。可以利用大声、小声来试着创造出多种不同的节奏和拍子。这时，最好同时使用几种节奏乐器。

效果：孩子通过同时听几种声音，能熟悉对节奏和拍子的感觉。

2．试着敲敲键盘

准备：钢琴或木琴等键盘乐器。

方法：父母敲击一个音，让孩子也跟着敲击那个音。可以一边在嘴里唱"1、2、3（音名）"，一边在键盘上敲出这个音。要注意，不是通过敲击钢琴来教孩子"1、2、3（音名）"，而要像做游戏那样，让孩子来猜音，这是要领。这不仅是为了让孩子正确地猜对同一个音，更是要让他通过高音和低音来体会声音的感觉。"高—低""低—高""低—低—高""低—高—低"……像这样，给声音一些变化，逐渐由易到难。

效果：让孩子通过敲击键盘的音乐经验，分辨音的高低，熟悉声音的感觉。

3．模仿动物

准备：以动物为主题的音乐。

方法：让孩子一边听以动物为主题的音乐，一边模仿动物的声音、步法或动物特有的动作和节奏。给孩子听以各个不同动物为主题的《动物狂欢》《天鹅湖》《布谷鸟华尔兹》《小象学步》等音乐。

效果：通过让孩子听抽象的音并联想具体的动物，能够培养孩子对音的感觉和想象。

4. 制作图画书

准备：旧杂志和报纸、白色绘图纸、黑色签字笔、胶水、剪刀。

方法：让孩子将旧杂志和旧报纸展开，用黑色签字笔来画画。在将树木、人、汽车等画下来以后，照样子剪下来，在白色的绘图纸上好好排列，制作成一幅画。还可以让孩子从旧杂志上撕下一页，对折后，随心所欲地裁剪，展开后直接贴在绘图纸上，并用签字笔在周围进行补充绘画。让孩子看着画，按自己的想法给作品起个名字。

效果：通过具体的美术活动，能培养孩子的创造性。

4～6岁孩子的艺术才能要这样培养

为孩子提供尽情表现的机会

随着手部技巧变得灵活，孩子已经能尝试练习乐器或进行具体的手工制作了。父母要仔细观察孩子喜欢的乐器是什么，让孩子保持持续的兴趣。不要限制风格，几种领域的音乐都要给孩子听。同时，要通过折纸或捏黏土这样的美术活动，培养孩子丰富的艺术才能。

具体的艺术表现变得可能的时期

在这个时期里，父母已能通过孩子的艺术表现来把握孩子在哪个领域里具有才能。孩子已能记忆简单的歌曲和韵律操，并在其他人面前很好地表现，甚至能够表演有台词的短剧。另外，孩子已能区分几种乐器的声音，能说出自己喜欢的声音是由什么乐器发出来的，或者表现出想学乐器的愿望。发育较快的孩子，在这个时期里，已经能够在钢琴或小提琴这样的乐器演奏中表现出才能。

在这个时期里，孩子已经多少能画出具有形态的绘画，其他人也能一眼看出孩子画的是什么。人、树木、房子、汽车、动物、太阳等主题，孩子已能自如地用绘画加以表现。

作为认识形态、熟悉空间概念的时期，孩子开始变得能把握事物的细部特征。并且，随着孩子手腕力量与手指尖力量增大，操作能力变强，积木、拼图、折纸等游戏也能玩得很好。另外，孩子已经明白基本的颜色概念，对颜色的认识逐渐扩大，有时还会将几种颜色调和在一起，制成新的颜色。

通过多种艺术体验，培养孩子丰富的感性

如果教孩子童谣，让他记住旋律并唱出来，孩子对声音的感觉就会变得更加敏锐。经常为孩子提供唱歌的机会，也是培养音乐感觉的好方法。尤其是对歌唱得好的孩子而言，如果经常让他在家人或客人面前唱歌，孩子就会变得更加自信，能够更好地发展自己的才能。

为孩子提供清唱或边听音乐边用节奏乐器伴奏的机会也很好。不用乐器，而是根据音乐的节拍来打拍子，也是使孩子熟悉节奏感

的好方法。可以让孩子在听音乐的时候晃动脑袋或摆动身体，一边做动作，一边欣赏音乐；还可以让孩子像指挥家那样，试着指挥3/4拍、4/4拍。另外，创作童谣晚会这样的节目，也要让孩子看看。

要培养孩子的艺术才能，最好让孩子在不受陈规惯例或成人视角限制的状态下，画自己想画的主题。让孩子利用多种不同的道具随心所欲地表达自我，这很重要。除了绘画，可以让孩子进行手工制作、装饰、指画、根据图形和设计图来制作模型等活动。还可以让孩子使用多样的色彩，将几种颜色混合起来，创造出新的颜色。在这个时期里，父母应尽力使孩子通过艺术活动，发展起丰富的感受性。

迅速提高艺术才能的活动

1. 创造自己的动作

方法：让孩子先以很快的速度唱歌，唱到一半再以非常慢的速度唱。在很快地唱的时候，手和脚也非常快地做动作；在很慢地唱的时候，动作也要变得很缓慢，就好像电视里播放的慢镜头，以这样的方式配合歌曲做动作。

效果：通过身体动作，训练孩子对音的变化更加敏感。

2. 制作富有音乐感的图画书

准备：绘画工具、音乐磁带。

方法：让孩子在听《进行曲》《华尔兹》《小步舞曲》《四季》《大海》《美丽的多瑙河》《幽默曲》《摇篮曲》等乐曲的同时，选择符合自己感觉的颜色。父母要尽量多准备一些不同的颜色和粗细不同的毛笔，让孩子能够自由地表现。让孩子尽情想象，用绘画加以表现，并在每幅画上写下听过的音乐的名字。如果能将孩子画过的画收集起来制成图画书，那就更好了。

效果：同时培养音乐的感觉和美术的感觉，以及思考的灵活性。

3．看起来像什么

准备：白色绘图纸、颜料。

方法：将几种颜色的颜料蘸在白色的素描本上，对折后展开，试着制作移印画。让孩子看着移印画，说说自己联想到了什么。让孩子将与制作的作品有关的趣事按照"六何原则"（即"5W＋1H原则"，也就是英语里的who,what,when,where,why,how。——译者注）以及"过去—现在—未来"的时间顺序进行说明。

效果：通过多种不同的形状和颜色，使孩子创造性的思考成为可能。

4．捏黏土游戏

准备：黏土、颜料、油性签字笔、彩色蜡粉笔。

方法：让孩子用黏土来捏人、动物、汽车、书桌等自己想捏的东西。将制作好的作品在阴凉处晾干后用颜料、彩色蜡粉笔、油性签字笔在上面画画。让孩子自由作画，画什么都行，还可以画上有样式的花纹。最后让孩子在完成的作品上写上名字。

效果：黏土游戏，在增强手部力量、提高精巧性方面很有效。像捏黏土这样能使手部获得较多运动的活动，对孩子的头脑发育很有好处。

6岁以上孩子的艺术才能要这样培养

同时培养创造力、表现力和艺术感觉

对于艺术才能更上一层楼的6岁以后的孩子，父母要仔细考虑他的关注和兴趣，进行适当的教育。这个时期的孩子，不管是什么，都爱用照搬事实的方式来加以表现，稍有不慎，就会陷入定型化的思考。因此，父母要为孩子提供多样的素材和工具，培养他尽情表现的自由。

这是能清楚地知道孩子才能的时期

6～7岁的孩子，对于艺术的兴趣和关于艺术的知识都更上一层楼，在哪方面具有才能也稍微更容易判断了。学习乐器愿望强烈的孩子，有时会缠着父母让他学习乐器。考虑到孩子身体的发育程度和智力的成熟程度，这个时期，可说是学习钢琴等键盘乐器的最佳时期。

到了这个时期，孩子的手眼协调能力在某种程度上已经发育成熟，能按照自己的意愿来进行手工制作或绘画了。但是，和操作能力相比，创造性才是关键。每个孩子，都在创造性的主题或素材、表现的丰富性等方面表现出差异。在这个时期里，父母已能根据孩子创造性表现的程度和艺术表现的程度，清晰地把握孩子的艺术才能。因此，父母要仔细地考虑孩子的关注和兴趣，进行适当的教育。

创造力是培养艺术才能的基础

如果孩子表现出音乐方面的才能，可以让孩子正式地学习钢琴和小提琴这样的乐器。只是与理论性的学习相比，更好的方法是让孩子通过既能享受音乐又能发展音乐才能的经历，自然地接受刺激。父母和孩子一起创作并演唱简单的歌曲，也是一个好方法。

和孩子一起去听值得听的音乐会，让孩子直接听几种乐器的声音。另外，在音乐会上欣赏音乐的方法以及应该注意的事项，也要告诉孩子。小型音乐会能让孩子近距离地观察演奏者；而观看芭蕾舞或歌剧这样的公演，则有助于培养孩子的综合艺术感觉。

要拓宽孩子对艺术的关注，丰富孩子的艺术知识，可以让孩子尝试创作具体的美术作品。还可以让孩子布置自己的房间，或者尝试制作布告牌、图画书、相框、生日卡片等。

这个时期正是孩子学习技能性技术的时期，孩子表现出很强的照事物原样进行描绘的欲望。因此，指导孩子不被固有观念所束缚，不丧失创造性，这比什么都重要。要建议孩子使用多种不同的工具来画画，而不是局限于一种工具。并且，父母还要为孩子提供各种机会，让孩子能够尝试绘画之外的雕刻、手工制作、装饰等多样的美术活动。

迅速提高艺术才能的活动

1. 唱自己的歌

方法：让孩子练习平时唱过的歌，直到完全熟练。熟练之后，替换歌曲的旋律或歌词，再试着唱一唱。如果替换歌曲旋律或歌词的练习也都熟练的话，换一首歌曲再进行练习。

效果：在直接进行歌曲创作的过程中，熟悉节奏、旋律、歌词的变化。

2. 欣赏音乐与演奏音乐

方法：让孩子在听各种不同歌曲的时候，像指挥家一样来指挥。在听钢琴曲的时候，还可以让孩子在钢琴前端坐，试着移动手指，并直接按按琴键，就像自己正在演奏钢琴曲一样。如果家里有小提琴，也可以让孩子试着感觉一下，如同自己在演奏。当然，静静地坐在那里欣赏也不错。

效果：在让孩子熟悉乐感这方面，音乐欣赏是最有效的方法。在听声音的同时模仿乐器演奏，这样的过程能使孩子对音乐感觉更亲切。

3．布置自己的房间

准备：秫秸、空罐头瓶、空箱子、碎布、旧杂志、塑料、瓦楞纸、保鲜膜、铝箔纸、颜料、彩色铅笔等。

方法：让孩子决定如何布置自己的房间，并使用准备好的材料，尽情地进行手工制作。在用制作好的东西布置好房间后，让孩子邀请朋友们来参观。邀请朋友的时候，让孩子制作请柬，直接交给朋友们。

效果：利用多种不同的材料进行手工制作的过程，能提高孩子的创造性。

4．调制自己的颜色

准备：彩色铅笔、毛笔、颜料。

方法：让孩子在红、黄、蓝这样的颜色中掺入其他颜色，试着调制出新的颜色，并比较只加入一点其他颜色的情况和加入很多其他颜色的情况。让孩子按自己的意思给新调制出的颜色起名字。

效果：孩子能生动地感受到颜色的变化，而在给颜色起名字的过程中，孩子的创造性得到了增长。

5．制作自己的衣服

准备：妈妈、爸爸的旧衣服，油性笔。

方法：让孩子把旧衣服或小了的衣服废物再利用，试着制作画画时穿的衣服、围裙、睡衣、玩沙子游戏时穿的衣服等等。注意要让孩子按照自己的意愿来设计和装饰。让孩子将旧衣服展开并按自己的意愿进行剪裁，再装上口袋或加些装饰，还可以在上面画画。可以让妈妈帮着缝，也可以简单地用黏合剂粘上，这样衣服的制作就完成了。

效果：让孩子按照自己的意图和想象制作衣服，不仅能培养孩子的创造性，还能激发孩子对艺术的关注和兴趣。

第 七 招

培养孩子的社会性

培养内心深刻、感性丰富的孩子

内心温暖的孩子，头脑也聪明

在与朋友相处不好，情绪不稳定的孩子当中，罕有聪明的孩子。因为内心不安的孩子很难实现相应的智力发育。同样地，无法与伙伴们和谐相处，无法从父母那里获得充分的爱的孩子，无论多有天分，也很难发挥出来。而性格好、情绪稳定的孩子，能够最大限度地激活自己的才能，更有可能成为幸福的孩子。

情绪稳定的孩子能长得更聪明

情绪稳定的孩子能与他人融洽相处，形成良好的社会关系。不到1岁的孩子能够通过妈妈的表情或语气来判断妈妈的情绪是好是坏，是不是生气，并根据这个来区分该做什么，不该做什么。如果孩子的情绪稳定，就更容易理解上述的情况，更能有针对性地采取适当的行动。

无论孩子的智商有多高，如果情绪上不稳定，智力能力就会降低。对与父母分离感到不安的孩子，不容易对周围世界感到好奇，更不爱去进行探索。他们只是希望父母在自己身边，而对周围的玩具或物品漠不关心，这样的情况很多。孩子在探索周围世界，满足好奇心的过程中，智力能力也得到了发展；而如果丧失了这样的机会，智力的发展就会受到限制。

父母就像是孩子的安全基地，为了让孩子安心并积极探索周围的世界，父母应在背后不断地给予孩子鼓励。情绪稳定的孩子，相信父母无论何时都是自己的坚强后盾，即使与父母暂时分开，也能专心于自己的世界。而要让孩子情绪稳定，最重要的是培养孩子对父母的信任。

社会性的发展和语言能力的发展成正比

刚开始说话的孩子并不考虑对方，只是以自我为中心进行思考和对话，但渐渐地，孩子变得能够在考虑他人立场的基础上进行对话和交换信息。这所有的过程，都是通过社会性的发展来实现的。随着社会性的发展，孩子变得能够理解他人，人际关系的领域也拓宽了。社会性不足的孩子，由于无法自然地与他人和谐相处，也就无法实现完美的意义沟通。而由于无法适应他人，就变得更加内向，经常表现出不安或忧郁。而另一个极端，社会性不足的孩子，动辄会出现殴打小伙伴这样的攻击性行为或注意散漫的行为。这样的孩子，不爱用语言来解决问题，而喜欢采取回避或极端行为这样的解决方式。于是，就可能惹得其他孩子反感，甚至成为被伙伴们疏远的对象。

培养心灵美的孩子

天分再好的孩子，如果社会性不足或精神上不成熟，也很难发挥出应有的实力。即使能够发挥出才能，也无法感受到幸福。即使是天才或英才，如果社会性不足，也会陷入"为什么我无法与他人和谐相处，难道就因为我和别人不一样？我真是存在很多问题呀"这样的思考中而最终无法认可自己的能力。过于自私或好强的孩子，也总爱拿自己和他人比较，想着"为什么他们只讨厌我"，从而感到不满。

父母总是希望自己的孩子长大了，能成为社会上不可或缺的人才。然而，要实现这一点，首先要让孩子通过精神上的成熟形成对自我的肯定，也就是"爱自己"。因为感情丰富、性格开朗是成熟的基础。要让孩子注重高尚的道德、优良的品性、为他人着想的态度等不可见的内在价值，而不要太过看重外貌、学历、金钱等浮泛的外在价值。

小贴士

怎样的人社会智商高

加德纳博士曾说，社会智商高的人能很好地理解并接受他人的情绪、情感、动机、需要，并给予恰当的回应。也就是说，他们能与他人形成融洽的关系，能够充分理解他人并为他人着想。政治家、演说家、宗教人士、心理学家、教师、企业家、行政工作者、诊疗师、销售人员等，都是这样的例子。

我的孩子具备何等程度的社会性

有些孩子社会性特别突出。他们与伙伴们的关系非常好，喜欢结交新朋友。即使是和不认识的孩子在一起，也总能融洽地相处。如果父母多加关注，仔细观察孩子的语言和行为，就能尽早把握自己孩子的社会性在什么程度。

让我们利用如下的清单，来看看自己孩子的社会性才能在什么水平。各项适用于满3岁的孩子。

孩子社会性检测清单

(1) 平时快活、开朗、勇敢。

(2) 和伙伴们玩得来。

(3) 经常帮助小朋友，也经常作出让步。

(4) 如果伙伴们打起来了，能在中间起调解作用。

(5) 在团体中起领导者作用。

(6) 经常听朋友的话，朋友也经常听孩子的话。

(7) 经常揣摩父母、兄弟、朋友的感情并给予回应。

(8) 很少与兄弟或朋友争执。

(9) 很容易与新朋友或陌生人亲近。

(10) 一起玩的时候，其他的孩子很容易按自己孩子的意图来做。

(11) 喜欢群体游戏或分组游戏。

(12) 情绪稳定，没有过度敏感的反应。

(13) 不经常哭闹或撒气。

(14) 愿意帮助其他孩子学习新东西，如果其他孩子有不明白的地方，总能耐心地给予说明。

(15) 能很好地听懂并理解父母及老师的指示或期待。

(16) 即使在众人面前，也能很好地陈述意见、唱歌或进行特长表演。

(17) 不经常表现出生气、愤怒、攻击性等消极的情感。

(18) 能体谅父母或他人的不便之处。

(19) 即使在陌生的场所或初次见面的人的面前也不慌张。

(20) 能清楚地向他人表达自己的意见或想法。

检测结果

符合项目在15个以上：社会性非常突出的孩子。如果父母从小就注意培养孩子的社会性，孩子长大后很有可能成为领导者。

符合项目在10～14个：社会性丰富的孩子。父母要通过为孩子提供与伙伴们和谐相处，并发挥领导性的机会，来培养孩子的人格与社会性。

符合项目在10个以下：社会性不怎么突出的孩子。但如果父母为孩子提供帮助，让他获得与伙伴们和谐相处的经验，孩子的社会性仍然可以得到很好的发展。

培养社会性的最佳育儿原则

在爱中成长的孩子也知道如何关爱他人

父母的爱与热诚是孩子生命成长的粮食，这并非言过其实。从父母那里得到很多爱的孩子，不仅能把爱施与他人，而且也懂得自爱。没有哪个父母不爱自己的孩子。只是如何向孩子传递这种心意很重要。那我们就一起来了解一下能够让孩子情绪稳定、拥有自信的爱的传递法吧！

通过肤触与孩子进行情感交流

哈佛大学1997年的一份研究报告表明，从小开始一直受到父母呵护的50岁的男性中，大约只有25%的人患有严重疾病；而未感受到父母关爱的男性中，则有87%患有疾病。父母的爱，如此显著地影响着孩子的身心健康。父母温暖的手，通过刺激孩子的神经组织，来稳定孩子的情绪，使孩子健康茁壮地成长。

　　父母向孩子表达爱意的方法有好几种。其中，与孩子进行肤触能收到很好的效果。肤触，不只是父母与孩子之间简单的皮肤接触，还包括温暖的爱抚、轻拍、亲吻、拥抱、按摩等，甚至包括父母与孩子间相互的情绪感应。除了吃饭、睡觉这些生理的需求，孩子还有情感交流的需要，希望能从别人那里得到安慰，获得心理的安定感。

孩子希望获得父母的认可

　　父母爱孩子的心只有表现出来，才会有效果。孩子只有感受到来自父母的爱，才有可能表现出对他人的爱心。从父母那里获得了充分的爱与认可的孩子，在幼儿园或学校，以及长大了到社会上去，都能充满自信地行动。

　　如果孩子无法获得父母的爱与认可——这可说是孩子的最基本需求——就很难设定其他的目标并付诸行动。他们无法专心地与伙伴们交往，无法专心地过学校的生活，更不用说提高学习能力或才能了。并且，在父母离异、不和、对孩子漠不关心的环境中成长的孩子，表现出只想获得父母的爱，而对学习或才能发展不感兴趣的倾向。

压力让孩子的幸福指数降低

　　据说最近在小学生中，也有秃顶的孩子了。又要完成学校的功课，又要上学习班，小学生的压力也非常大。而如果孩子承受了太大压力，情绪上就会变得不安，不仅会在发展学业或才能上有困难，而且会对身体的发育产生不利的影响。

父母由于忙碌而无法很好地照顾孩子或疏忽了孩子的时候，既无法满足孩子的要求，却又期待并催促着孩子像大人一样敏捷快速地行动，这时孩子承受的压力就大得多。尤其是有些父母期望聪明的孩子能自己弄明白所有事情并付诸实践，于是给孩子加重负担，这样孩子就更加难以承受了。

　　夫妻间经常争吵或关系不和谐，无法给予孩子适当的关爱，也会使孩子陷入严重的不安并感到压力。在大事小事都要干涉、一点小错也揪住不放的父母管教下成长的孩子，也无法从压力中摆脱出来。一直受到过度保护的孩子也不例外，在父母过分的庇护下成长起来的孩子，由于缺乏韧性，只知利己不知利人，无法适应幼儿园或学校这样的团队生活，也会感到压力。

　　在如此多的压力下成长的孩子，经常会感到忧郁、不安，较多地表现出依赖他人的倾向，有时也会出现刻意反抗的行为、带有攻击性的行为以及盗窃癖。偶尔还有可能出现夜里尿床或磨牙的现象。这样的孩子，大部分以否定的视角来看待他人，因此和朋友们的关系不好。人们在情绪好的时候，记忆力也会更好；而如果受压力折磨，记忆力则会变得低下，在发挥才能方面也会出现问题。

让孩子多进行积极的思考

　　如果孩子的思考方式是积极的，就会由于总看事物的光明面而与他人保持融洽的关系，孩子也会在人际关系方面拥有自信。儿时的人格形成，就是这样对社会性的发展产生重要的影响。幽默的孩子会让朋友觉得亲近，因此能够获得更多起主导作用的机会。在与孩子进行对话的时候，要以孩子关注的话题为中心。虽然称赞和鼓励能提高孩子的自信，但过度的称赞和保护则会使孩子的适应能力降低，这个事实一定要注意。偶尔父母也应表现出严肃的一面，以此来操练孩子的责任感和忍耐力。如果是孩子的生日、传统节日、夫妻结婚纪念日等特别的日子，可以互赠书信表达相互的情感，也可以开一个惊喜晚会来追忆过去的时光。通过这样的经历，让孩子知道：爱，不仅仅是接受，更是给予。

培养社会性的最佳育儿原则

培养会控制感情的孩子

再聪明的孩子，如果不会支配自己的感情，只会随心所欲地行动，就很难与他人建立良好的关系，很难与他人和谐相处。这是因为调节感情的能力与智力的能力完全不同。让我们对有逆反心理的孩子、带有攻击性的孩子、不安的孩子、忧郁的孩子给予更多的爱和理解吧！孩子的性格或情感是在父母的关心、理解和爱中逐渐成熟起来的。

感情的表达更重要

感情不表达出来，就无法让别人知道。亚洲人虽然一直都强调感情要克制，但像如今这样的时代，懂得坦率地表达自己的感情，已成为维持良好的人际关系，提高自己在专业领域中的成功可能性的重要因素。如果父母与子女之间、朋友与朋友之间，都能把对对方的感情坦率地表达出来的话，彼此的关系就会变得更加融洽。尤其是父母与子女之间，更应该通过经常表达感情，来深切体会彼此的爱。

向孩子传达感情的具体方法是通过对话。当父母根据孩子的水平，将感情用坦诚的语言表达出来的时候，孩子不仅容易接受，而且能收到最好的效果。"妈妈爱你"这样的话虽然好，但"在这世界上，妈妈最爱的人是你"这样的话更有效。将感情具体地表达出来，能让孩子更好地理解父母的感情。在说话的时候，应该尽可能将表情、行动、情绪等一起传达给孩子。

成为能读懂孩子情感的父母

孩子还小，无法将自己的感情、想法、需求恰当地表达出来。而有些父母，没有考虑到孩子在情感表达方面的不成熟，给孩子带来了心理上的伤害。如果父母经常无法理解或忽视孩子的感情，孩子的攻击性和反抗倾向就会变得更强。

每个孩子都有自己表达感情的方式。还不太会说话的孩子，更多地运用身体动作来表达自己的感情。有些孩子生气了会摔东西；有些孩子则一句话也不说，把自己闷在房间里；有些孩子会与伙伴们吵架，故意挑起争端；有些孩子则会生病，就好像感冒了一样。

孩子表达感情的方式如此不同，父母应该仔细地观察自己的孩子是通过怎样的方式来表达的。让我们平时多多注意孩子的面部表情或行为，看孩子如何与伙伴们相处、如何进行身体接触，成为能够读懂孩子心思的父母吧！

培养会说"不"的孩子

我曾经见过一个小孩，无缘无故地打旁边的孩子。那个对其他小朋友施加暴力的孩子的妈妈在自己的孩子打小伙伴的时候不闻不问，直到对方孩子的妈妈提出强烈抗议的时候，才呵斥住自己的孩子。受到训斥的孩子一哭，那妈妈就打了孩子一巴掌。就在那一瞬间，我明白了这孩子具有暴力倾向的原因。原来妈妈无法调节自己的感情，于是使用暴力来作为表达感情的方法。

父母表达感情与调节感情的方式很容易被孩子模仿。如果父母无法克制自己的感情，而表现出压迫式的态度的话，孩子只会变得鲁莽并带有攻击性。难过、生气等消极的情感本身并不是错，问题是如何将消极的情感表达出来。

在孩子生气或撒气的时候，父母应该告诉孩子那不是错，并帮助孩子找到解决的办法。应该让孩子学会对不喜欢的东西说"不"，并能够将自己的情感状态有条理地表达出来。如果孩子明白了表达消极情感的方法，就不会冲动地发脾气，也不会由于无法调节自己的感情而生气了。

不管别人如何对待自己，总是做出积极的表现，这也不是好事。如果被别的孩子打了也不生气还笑，伙伴们就会错误地理解孩子的感情，也有可能导致殴打的事情经常发生。消极的情感应该以一种恰当的方式来消除，应该养成用社会认可的方法来进行表达的习惯。

培养社会性的最佳育儿原则

培养能够与朋友和谐相处的孩子

一旦孩子进入幼儿园或学校，父母就开始暗暗担心他是否能与伙伴们和谐共处。尤其是独生子女家庭环境下成长起来的孩子，在人格或社会性方面存在很多缺陷。孩子的人格或社会性不是一天两天就能培养成的。孩子的性格、行为、态度和价值观是在很长的时期里慢慢地形成的，在智力发育与才能培养方面起到营养素的作用。

培养领导力

所谓"社会性丰富"，并不仅仅意味着与他人没有矛盾，能够很好地相处。这与主导形势的主导性——也就是领导力——有着密切的关系。研究心理社会性发展的教授埃里克森曾说，4～6岁，是促进孩子领导力发展的最佳时期。设定该做什么的目标和计划，对周围环境进行探索和实验最终解决问题……在这样的过程中，孩子的领导力得到了增长。由于领导力也通过"向父母或伙伴表明自己的主张"这样的行为表现出来，因此最好能让孩子清楚地说出自己的想法，多获得主人公式的经验。

孩子在与伙伴相互适应的过程中表达自己的想法和要求，有时也在竞争的过程中学习领导力。通过在朋友关系中起主导作用的过程，以及经历挫折的过程，孩子的社会性得到了增长。

如果父母限制孩子的行动，或者事无巨细都进行干涉，让孩子完完全全地按照父母的指示去做，就会阻碍孩子社会性与领导力的发展。另外，如果父母将孩子的好奇心和需求看得无关紧要，或者孩子经常被领导力强的伙伴所引导，孩子就会由于无法具备独立的主导性而产生畏缩感或自责感，这一点一定要注意。

在与伙伴们玩耍的过程中提高社会性

对于玩耍即学习的孩子而言，伙伴有着非常重要的意义。通过其他伙伴，孩子可以积累新的经验，获得新的信息，提高意义沟通的能力。并且，还可以自然而然地熟悉如何根据具体情况来处理事情、如何克制自己的情感等社会交往的技术。

　　大部分的孩子并不是一开始就知道如何交朋友。在孩子还不太会交朋友的时候，与其让他去适应很多孩子，不如让孩子从结交一两个好朋友开始做起。如果父母的性格是消极的，属于不太会交朋友的那一类，孩子也很容易那样。父母最好要从自身做起，为建立更加积极的人际关系而努力。

　　并不是非得相同年龄年级的孩子、相同性别的孩子、有着相类似倾向的孩子才能成为朋友。与其在年龄或性别上进行限制，不如让孩子与能够顺利实现沟通、性格合得来、相处融洽、在一起玩得来的孩子，或是情绪稳定的孩子交朋友。尤其是才能突出的孩子，应该让他多和具有相同领域才能的孩子相处。但是，过分激发孩子竞争意识的游戏，一定要谨慎，最好能够选择可以共享与合作的游戏。

与孩子形成稳定的依恋关系

　　依恋关系，虽然主要是在妈妈和孩子之间形成，但爸爸和孩子之间也有可能形成很强的依恋关系。如果主要的养育者是祖父或祖母，仍然可能形成依恋关系。依恋关系作为孩子出生后一年之内与最接近的人之间形成的关系，它的形成程度左右着孩子的情绪稳定与人际关系。

　　为了形成很好的依恋关系，父母要努力对孩子的信号作出敏感的回应，满足孩子的需求，并通过充分的肤触，让孩子感受到父母的爱。如果这种关系没有很好地形成，孩子在父母不在的时候就会非常不安或有意违抗父母，在某种情况下，还可能无视父母的存在。

　　形成了稳定的依恋关系的孩子，即使在陌生的环境下也能很好地玩耍，和其他人也能很好地相处。但依恋关系不稳定的孩子，有着很强的依赖父母的倾向，长大了也可能表现出情绪不安和富有攻击性的倾向。如果要培养有着强烈的自信心、尊重自我、与他人分享情感、有很多朋友、生活独立、社会交往能力突出的孩子，就要为形成稳定的依恋关系而努力。

小贴士　利他心与道德的价值观是培养社会性的基础

　　在物质万能主义膨胀的现代社会，要培养孩子的道德心并非易事。但是，如果要让孩子能够区分善恶、判断对错，成长为拥有正确的价值观的人，道德心非常重要。关注并考虑他人幸福和快乐的利他心，在交朋友和社会生活方面都起着重要的作用。有着充分利他心的孩子，因为懂得很好地照顾、慰劳、帮助他人，所以容易得到他人的认可与爱。利他心充分的孩子在朋友圈中，朋友关系深厚，能够维持愉快的气氛。

　　这样的利他行为从4～6岁开始出现，到9～10岁时得到很大的发展。父母应以身作则，表现出重视道德心、正确的人格、利他心等内在价值的态度，这一点最重要。如果父母率先做出有道德的行为，并在孩子模仿那行为的时候，给予鼓励和称赞，孩子的道德心和利他心就能得到更大的发展。当才能与道德心、利他心一同增进的时候，孩子就成长为内心温暖、头脑聪明的孩子。

通过多种不同的经验来 培养孩子的社会交往能力

在当今社会，独生子女越来越多，和过去兄弟姐妹很多的时候相比，孩子与他人相处的经验肯定不足。因此，有点自私、有点独断，也是最近孩子的特征。随和的性格与平易的人际关系正越来越成为成功的要素。从这点看来，培养社会交往能力非常重要。

培养孩子的自我控制力，让孩子拥有忍耐力和自信心·

如果在英才教育学院里工作过，会遇到很多有着不同倾向的孩子。有些孩子能够安静地做自己的事，还有一些孩子在某些时候则无法自控，会把整个氛围弄得很糟糕。根据父母养育态度的不同，孩子的倾向表现出很大的差异。如果父母经常训斥孩子、对孩子过于严格的话，虽然孩子在人前会显得有礼貌，但在父母看不见的地方，反而无法控制自己的行为，这样的情况很多。而如果父母有忍耐力，从始至终都采用说服的方法来教育孩子，那么孩子即使懂事较晚，也会努力控制自己的行为。

如上所述，根据父母养育方式的不同，孩子的行为存在着很大的差异。如果父母经常与孩子进行对话，并让孩子自己得出结论，在这样的环境下成长起来的孩子，就会对自己的行为深思熟虑，表现出对结果负责的态度。另外，父母不要无限制地帮孩子做一切事情，应该让他有自己思考的时间。知道如何为获得自己想要的东西而忍耐等待的孩子，能培养忍耐力和抑制冲动的能力。

孩子从1～2岁就开始发展自我控制力。根据父母的要求或指示来行动，正是自我控制力的表现。刚开始的时候，孩子从父母或其他人那里接受"不要做……"的指示来控制自己的行为，渐渐地，自己就形成"不想做……"的态度。于是，孩子就从原先根据外部指示来控制行为，逐渐发展为思考和行为的自我控制。这个时期是孩子应该学习自我控制方法的时期，如果总是要求孩子按照父母的指示去做，孩子就很难发展起自我控制力。另外，认为孩子还小，所以就无条件地给予帮助，这也会挫伤孩子的自律性和独立意识，这一点要注意。

如果想培养孩子的自我控制力，父母应该为孩子定下某种程度的规则并培养对孩子的信任感。也就是说，无论什么时候，父母都应该相信孩子肯定能做到自我控制并给予等待。懂得克制自我需求的能力，从2～4岁开始快速发展；压制冲动的能力，到小学低年级时期为止发展得最快。

培养孩子独立解决问题的社会能力

曾听某位大学教授慨叹，现在学生的依赖性与社会能力方面的欠缺，已经到了严重的地步。大学生的父母甚至打电话要求说"那个题目对孩子来说太难，最好能给换个简单的课题"、"孩子这次报告无法在规定时间内完成，请让他推迟到周末再交吧"。这也就是说，孩子自律性及解决问题能力的严重匮乏，甚至到了连上大学的子女的学习，都需要父母来进行干涉的程度。这如实地反映出，孩子的智力能力虽是大学生的水平，但社会能力却极度欠缺。这样的孩子，难道将来能够胜任社会生活中的角色吗？

　　自己的问题一个也不会处理，这是因为孩子已习惯了父母事事都为自己处理而产生的结果。从小时候起，父母就喂孩子吃饭，给孩子穿衣服、穿袜子，为孩子整理房间，如果孩子不想做就马上让他放弃，如果孩子与朋友之间出现问题就亲自出马去解决，等等，一点也不让孩子经历困难的处境。而没有接触过这种处境的孩子，甚至连尝试解决的机会都没有。

　　要培养孩子的社会能力，父母应该从孩子还小的时候开始，就让他养成小事也要亲自完成的习惯。在帮助孩子之前，先对孩子说，"如果需要帮助，你就说话"，或者问问他，"该怎么帮你呢？"。在孩子尝试过了以后，让孩子区分是自己会做的事，还是不会做的事，再请求父母的帮助。

　　另外，让孩子认真地遵守公共道德等社会规则并自行解决问题，这也是必要的。孩子通过自行解决社会规则的经验，能够理解社会的情况。要让孩子自己解决迫在眉睫的情况，父母应该保持耐心，懂得等待。

　　如果确有必要，父母也可以直接介入并帮助解决，但即使是那样的情况，也不要马上为孩子解决，而要在此之前，先让孩子想想可能的解决办法，自己尝试解决。这是培养问题解决能力的方法。

经常去旅行，培养孩子的忍耐力与适应能力

　　和孩子一起去爬山，一起去看新地方，这样的旅行是培养社会性的好方法之一。陌生之地，能让孩子制造出自己需要的情况；能让孩子从日常生活中解脱出来，尽情抒发自己的情感；还能让孩子通过多种不同的经验，获得智力方面的信息。另外，如果根据旅行地的情况来行动，孩子就会获得判断事情重要性的能力，并能够培养忍耐心与时间概念。这些经验，都是在熟悉且舒适的家中绝对无

第七招

培养孩子的社会性

241

法得到的宝贵经验。

　　旅行，要在短时间内游历很多地方，这需要很强的体力与耐力。就算非常吃力，也得强忍着；就算想休息，也得继续前进；就算想睡觉，也得根据日程早起；有时候，就算饥肠辘辘，也得硬撑着。如果是和朋友或亲戚一起去旅行，孩子能体会到与他人相处的趣味，通过在公交车或火车里与陌生人接触并对话的过程，孩子能学习与人和谐相处的技巧。

　　父母可以利用假期，与孩子一起去旅行，随便国内国外都好。在进行海外旅行之前，最好多多积累国内旅行的经验。但过于舒适的旅行，或是父母一切都打点好，孩子只需跟着的旅行，因为不能培养孩子的忍耐心与社会适应力，所以没有什么好处。

　　旅行的时候，父母要提前把旅行的目的、时间、地点、交通方式、日程等告诉孩子，并和孩子说说旅行时应该注意什么，哪些地方不方便，让孩子也对旅行做些准备。并且，孩子的行李，要单独整理出来，让孩子自己收拾。如果孩子还非常小，父母可以代为整理；但如果孩子已经不是太小，就该让孩子自己把必要的东西收拾到小包里。通过这样的过程，孩子能学会根据不同的情况来确定需要的东西，还能培养起收拾整理的习惯以及独立意识。

　　旅行，是让孩子尝试多种新事物并自己动手解决的好机会。如果想培养孩子积极的挑战意识，那就经常去旅行吧！只是旅行的日程最好安排得宽松一点。如果日程太过紧凑，游览仅仅是走马观花，孩子就有可能错过本可经历的机会，这一点不要忘了。

小贴士　通过让孩子跑腿儿，也能培养孩子的社会性

　　要不要让孩子跑跑腿儿呢？从父母的立场来看，孩子还小，怎么能让他一个人出门叫人担心呢，因此很多未能付诸实践。但是，并不是孩子小就不能跑腿儿。如果根据孩子的年龄、

性别、性格而加以适当运用，也能成为提高孩子社会性的好经验。跑腿儿，让孩子感觉到自己是家庭的一员，为孩子提供与外人接触的机会，甚至还具有让孩子亲身经历社会生活的现场学习的意义。

跑腿儿的方式很多。从扔垃圾，到为父母传话或转交东西，都可以交给孩子去做，让孩子自然而然地明白如何在不同的情况下采取不同的行动。这样，通过培养孩子在不同社会情况下的问题解决能力，将有助于孩子根据情况采取适当的行动。在积累社会经验，培养适应能力方面，跑腿儿能成为非常有用的方法。